Stalking

Stalking

Stalking
PARÂMETROS DE TIPIFICAÇÃO
E O BEM-JURÍDICO DA INTEGRIDADE PSÍQUICA

2017

Bárbara Fernandes Rito dos Santos

OBRA
STALKING
Parâmetros de tipificação e o bem-jurídico da integridade psíquica
AUTOR
Bárbara Fernandes Rito dos Santos
EDITOR
EDIÇÕES ALMEDINA, S.A.
EDIÇÃO ORIGINAL

Rua Fernandes Tomás, nºs 76, 78 e 79
3000-167 Coimbra
Tel.: 239 851 904 · Fax: 239 851 901
www.almedina.net · editora@almedina.net
DESIGN DE CAPA
FBA.
PRÉ-IMPRESSÃO
EDIÇÕES ALMEDINA, S.A.
IMPRESSÃO E ACABAMENTO

Dezembro, 2016
DEPÓSITO LEGAL
....

Apesar do cuidado e rigor colocados na elaboração da presente obra, devem os diplomas legais dela constantes ser sempre objeto de confirmação com as publicações oficiais.
Toda a reprodução desta obra, por fotocópia ou outro qualquer processo, sem prévia autorização escrita do Editor, é ilícita e passível de procedimento judicial contra o infractor.

 GRUPOALMEDINA

Biblioteca Nacional de Portugal – Catalogação na Publicação

SANTOS, Bárbara Fernandes Rito dos

Stalking. – (Monografias)
ISBN 978-972-40-6733-9

CDU 343

À minha madrinha,

AGRADECIMENTOS

A realização desta dissertação de mestrado contou com importantes apoios e incentivos, sem os quais não se teria tornado uma realidade e aos quais estarei eternamente grata.

Ao Professor Doutor Costa Andrade, pela sua orientação, apoio, pelo saber que transmitiu e pelas opiniões e críticas.

Aos meus Pais, por serem modelo de coragem, pelo seu apoio incondicional, incentivo, amor, carinho, amizade e paciência demonstrados e entrega total na superação dos obstáculos que foram surgindo ao longo desta caminhada.

Ao meu irmão Afonso, pela cumplicidade, compreensão, companheirismo e pela confiança que deposita em mim.

Aos meus amigos por serem um exemplo de coragem e força e por, mais perto ou mais longe, acompanharem cada passo meu, pela constante preocupação, e por, mais do que eu própria, acreditarem em mim e nas minhas capacidades, pela amizade, presença constante e companheirismo, pela paciência, calma e estímulo que me transmitem nas alturas de desânimo e pela partilha de momentos e de vida. Um enorme Obrigada por serem um pilar fundamental na minha vida.

À Universidade Católica Portuguesa, escola que me formou, e, em especial à Susana e à Inês, por serem incansáveis, estarem presentes em todas as aventuras, por se terem revelado um apoio incondicional e pela amizade inabalável que construímos.

À Faculdade de Direito da Universidade de Coimbra, que me permitiu a elaboração deste projecto e, essencialmente, um sincero agradecimento à Carolina, à Andreia, à Catarina e à Joana, por acompanharem cada passo da minha investigação, pelos conselhos, pelo acolhimento, preocupação, paciência e, sobretudo, pelas essenciais amigas que se revelaram ser. Obrigada.

RESUMO

Constitui-se em objecto de estudo do presente artigo versar sobre um tema contemporâneo, abrangente e controverso na esteira do Direito Penal e da psicologia jurídica, qual seja o fenómeno do *Stalking*. O presente trabalho tem por objecto o estudo da criminalização deste fenómeno e a sua relevância jurídico-social. Far-se-á uma análise deste comportamento à luz do direito português e comparado, a partir das suas características, particularidades e evolução histórica, analisando-se a jurisprudência que versa sobre a vertente problemática.

Far-se-á também uma exposição acerca da inclusão de um bem jurídico descurado no ordenamento jurídico-penal Português, a **integridade psíquica**, por se tratar de um direito que, no nosso entender, se mostra mais afectado no que à problemática do Stalking se refere. Determinaremos a sua consistência e avaliaremos a viabilidade de qualificação como bem jurídico-penal carecido de tutela.

Em arremate, ter-se-á como objectivo contribuir com sugestões para enfrentar tal modalidade de violência emergente na sociedade contemporânea.

Palavras-chave: *Stalking*, *stalker*, medo, intenção, bem-jurídico, integridade psíquica.

ABSTRACT

The following study debates an actual and controversy theme in the Criminal Law and Psychology, named as the Stalking phenomenon. The principal object of this entire work is about the need of introducing this set of behaviors in Criminal Law and its relevance inside this area. We will try to analyze this important subject inside the Portuguese system and compare it with another ones, starting from its features, particularities and history evolution, always helped by some famous cases that occurred in other countries and that were submitted and appreciated by court.

We will also explain the need of including psychic integrity as an important right that we have to protect in this type of crime and that is totally forgotten by the Portuguese system. Moreover this is the precisely right that has affected the most of the victims.

Therefore we will try to determine the consistent and assess its viability to become a new right that has its one and particular protection inside Criminal Law.

In conclusion the main goal is to contribute with innovated solutions to fight against this crime that as grown over the past years in our society.

Key words: *Stalking*, *stalker*, fear, intention, psychic integrity.

LISTA DE SIGLAS E ABREVIATURAS

Ac. – acórdão
Anot.- anotação
Art. - artigo
BMJ – Boletim do Ministério da Justiça
CC – Código Civil
CDFUE – Carta dos Direitos Fundamentais da União Europeia
CEDH – Carta europeia dos Direitos do Homem
Cfr. - confrontar
Cit. – citada
Convenção - Convenção Europeia dos Direitos do Homem
CP – Código Penal
CPP – Código de Processo Penal
CRP – Constituição da República Portuguesa
Ex. – exemplo
N.º - número
Op. - obra
P. - página
PE – Parte Especial
Proc. - processo
S. - seguinte
STJ – Supremo Tribunal de Justiça
TC – Tribunal Constitucional
TEDH – Tribunal europeu dos Direitos do Homem
TRC – Tribunal da Relação de Coimbra
TRE - Tribunal da Relação de Évora
TRP - Tribunal da Relação de Porto
TRL - Tribunal da Relação de Lisboa
V. - versus

ÍNDICE

AGRADECIMENTOS 7

RESUMO 9

ABSTRACT 11

LISTA DE SIGLAS E ABREVIATURAS 13

I. INTRODUÇÃO 17

II. CONTEXTUALIÇÃO E PROBLEMATIZAÇÃO SOCIOJURÍDICA:
    DA NECESSIDADE DE TIPIFICAÇÃO 23

III. CONVENÇÕES DO CONSELHO DA EUROPA E JURISPRUDÊNCIA
     DO TRIBUNAL EUROPEU DOS DIREITOS DO HOMEM 31

IV. PROBLEMÁTICA DO STALKING E ELEMENTOS CONSTITUTIVOS .. 39
    1) INTENÇÃO 44
    2) AMEAÇA 44
    3) MEDO 45
    4) VIOLÊNCIA 47

V. O TIPO OBJECTIVO DE ILÍCITO 49
    1) AUTOR 49
    2) CONDUTA 51
    3) BEM – JURÍDICO 64

VI. INCLUSÃO DA INTEGRIDADE PSÍQUICA
ENQUANTO BEM JURÍDICO AUTÓNOMO
NO ORDENAMENTO JURÍDICO-PENAL PORTUGUÊS 69
1) INTEGRIDADE PSÍQUICA 69
2) PERTURBAÇÃO DA VIDA PRIVADA 88

VII. TIPO DE ILÍCITO SUBJECTIVO 93

VIII. O TIPO DE CULPA 107

IX. NATUREZA DO CRIME 113

X. FORMAS ESPECIAIS DO STALKING 117
1) TENTATIVA 117
2) A QUESTÃO DO CRIME AGRAVADO PELO RESULTADO,
DO CONCURSO DE CRIMES E DO CRIME CONTINUADO 123
A. CRIME AGRAVADO PELO RESULTADO 123
B. CONCURSO DE CRIMES E CRIME CONTINUADO 124

XI. CONSEQUÊNCIAS JURÍDICAS DO STALKING 131

XII. CYBERSTALKING 137

XIII. RELAÇÃO COM O DIREITO CIVIL: INDEMNIZAÇÃO CIVIL 145

XIV. CONCLUSÕES 151

XV. BIBLIOGRAFIA 165

I. INTRODUÇÃO

"The common law expands with reason, living and growing in response to the needs of the community and the development of the nation.[1]"
Judge Schwartzwald

Ao surgirem desequilíbrios, suficientemente capazes de demonstrar com clareza uma situação de crise, inicia-se um período de mudança, transformação e inovação no pensamento científico até se formar um novo paradigma, em torno do qual a comunidade haverá de se debruçar para manter um patamar mínimo de coesão nesse aspecto. Quando a sociedade moderna percebe que os seus padrões colectivos de vida estão drasticamente alterados pela evolução do Homem e da Sociedade, os seus instintos fundamentais são postos em movimento na tentativa de se antever e, assim, reprimir toda e qualquer conduta, individual ou colectiva, que possa trazer, no contexto hipotético, a carga de um "risco".

Daí o Direito Penal, tradicionalmente utilizado como meio de intervenção estatal de repressão de condutas socialmente indesejáveis, transmudar-se e passar a ser um dos mecanismos mais utilizados pelo Estado na luta pela contenção preventiva de condutas hipoteticamente arriscadas. O campo de actuação do Direito Penal tem sido largamente expandido, para que possa intervir em campos que até determinada altura então lhe eram estranhos. Impõe-se que o direito penal escolte a protecção de bens jurídicos tradicionais e, simultaneamente, se volte para a tutela de novos bens jurídico-penais peculiares da sociedade, tarefa que implica na revisão

---

[1] Henderson v. Henderson, 169 N.Y.S.2d 106, 111 (1957).

de muitos de seus fundamentos de ordem dogmático-jurídica e das posturas político-criminais ainda hoje, sob muitos aspectos, em voga.

O estudo que iremos desenvolver incide numa nova forma de violência interpessoal que adquiriu visibilidade na sociedade ocidental nos tempos modernos, o **Stalking**. O nosso trabalho visa facilitar a identificação destas situações e procurar soluções de forma a combater este fenómeno social, que se relaciona com vários tipos de ilícitos penais e que têm sido descurados em Portugal. Verifica-se a inexistência de legislação no que se refere a este crime, ao contrário do que sucede em outros países, sendo que esta ausência reduz ou anula a atenção que lhe deveria ser dada.

O fenómeno do Stalking tem sido reconhecido em diversos campos da ciência, seja ela jurídica, social ou médica. Mostra-se essencial determinar quais as suas dinâmicas próprias, os comportamentos que lhe estão inerentes, os tipos de agentes que perpetram o crime bem como as suas condições psicológicas, características das vítimas e o impacto das condutas ilícitas sobre as referidas vítimas. Este fenómeno relaciona factos do mundo da Psicologia, por se tratar de um complexo comportamento humano, com factos da Vitimologia, da Medicina e do Direito, por envolver condutas ilícitas que afectam direitos fundamentais das vítimas, sendo este último contexto aquele que essencialmente nos importa.

Stalking é um termo inglês que designa uma forma de violência na qual o sujeito activo invade repetidamente a esfera da privacidade da vítima, empregando tácticas de perseguição e meios diversos, tais como, telefonemas, mensagens, boatos, esperas, frequência dos mesmos locais, entre outros, causando inquietação, medo, coacção, ofensa à sua reputação e à sua liberdade de movimentos.

Este é um fenómeno que tem adquirido visibilidade nos tempos modernos, tanto mais que em alguns países foi possível chegar a um consenso que originou a sua tipificação legal. Embora não exista em Portugal tipificação legal de crime, apesar da mesma se vislumbrar próxima, o Stalking integra um conjunto de condutas ilícitas, podendo levar o agente a ser punido por ofensa à integridade física, ameaça, coacção, perturbação da vida privada, etc., em concurso de crimes. O nosso sistema jurídico prevê algumas normas isoladas que poderão tutelar alguns dos casos enquadráveis no Stalking, não obstante, existem inúmeras condutas que não são entendidas como crime. Apesar de se mostrarem inofensivas, ou pelo

INTRODUÇÃO

menos lícitas, perturbam a vítima de tal forma que se pode afirmar a existência de uma lacuna legal. É necessário criar organismos que possibilitem a realização de avaliações e tratamento dos agentes que praticam condutas integrantes do fenómeno do Stalking, uma vez que tais comportamentos são considerados patológicos e, muitas vezes, de origem em transtornos psiquiátricos graves.

O Stalking integra condutas intencionalmente direccionadas para uma determinada pessoa, a vítima, perpetrada numa ou mais ocasiões, durante determinado período de tempo mais ou menos longo; por um ou mais actos de perseguição, causando na pessoa um sentimento de permanente inquietação e medo, quer pela sua integridade física ou de terceiros, quer por outro tipo de malefícios, limitando a sua liberdade pessoal e de determinação, como de autodeterminação sexual ou de bens patrimoniais.

Para além da necessidade que se impõe de controlar o comportamento do agressor, a protecção da vítima e as medidas de coacção são o reverso da moeda. Falar-se de protecção da vítima é, intrinsecamente, falar-se também de medidas restritivas da liberdade do agressor, de modo a obstar à continuação da sua conduta.

Perante o exposto, coloca-se a questão de saber se existe necessidade de tipificação do Stalking como crime, ou, ao invés, será que deve entender-se que o nosso ordenamento jurídico é adequado e suficiente para salvaguardar as violações inerentes ao fenómeno do Stalking? Um dos objectivos desta dissertação é a procura de respostas jurídicas adequadas para a prevenção e combate a este fenómeno.

Para além da averiguação da necessidade de uma tutela penal releva, aos nossos olhos, descodificar qual a maneira mais eficaz de lidar com esta tipologia de agressores. Será que devia ser responsabilizado e sancionado penalmente pelas suas condutas ilícitas? Ou poderá o agressor ser considerado inimputável? Não seria mais vantajosa a solução de tratar o agressor ao invés de o punir? E, mesmo punindo, tratando-se de um doente psíquico, quais seriam as vantagens da punição após a reinserção na sociedade? Nunca esquecendo, porém, as evidentes necessidades de protecção da vítima com a maior celeridade possível.

Assim, impõe-se determinar qual a solução mais eficaz, sem nunca deixar de garantir a conciliação entre os valores fundamentais de ambas as partes. Por um lado, a protecção da vítima e respectiva compensação pelos danos sofridos; por outro, a imputação das condutas ao agentes, que não significaria necessariamente uma medida restritiva da liberdade. Isto porque, em primeiro lugar, podemos estar perante um doente que precisa de tratamento e não de sanções penais desadequadas ao problema em questão. Acresce ainda avaliar quais as necessidades de prevenção. Sendo, à partida, o Stalking um fenómeno dirigido contra um único alvo, não podemos falar explicitamente de protecção da comunidade, uma vez que este agente pode não significar um perigo para a mesma, mas unicamente para um alvo específico. Também no que respeita à prevenção geral negativa, cumpre avaliar que tipo de medidas seriam mais adequadas para esta problemática, nunca esquecendo a primordialidade de aplicação de medidas de coacção para protecção da vítima, assim como reparação do dano que esta sofreu, no que respeita à prevenção positiva esta pretende a ressocialização do agressor por meio da sua correcção, optando por uma pena dirigida ao tratamento do próprio agente do crime com o propósito de incidir na sua personalidade para que o sujeito não volte a cometer actos criminosos.

Perante estas e outras questões relacionadas com tal problemática, procuraremos encontrar soluções jurídicas adequadas para a valorização e prevenção destes comportamentos, bem como para a penalização dos mesmos.

Cumpre, *ab initio*, definir este tipo de criminalidade, explicitar quais as condutas integrantes e o bem jurídico que carece de tutela penal. Mostra-se necessário avaliar quais os crimes tipificados no nosso ordenamento jurídico que o comportamento de Stalking incorpora bem como discutir a viabilidade, ou não, de criação de um tipo legal para este crime. Torna-se imperativo recorrer a um estudo e análise de Direito comparado, tanto a nível Europeu como a nível Mundial, analisando a legislação existente bem como a doutrina e jurisprudência nos diferentes países.

Começaremos a nossa investigação não só na avaliação da necessidade de protecção de direitos constitucionalmente protegidos que, evidentemente, são violados com estas condutas ainda pouco debatidas, mas também com a análise de estudos médicos, psicológicos e sociológicos que permitam perceber com que tipo de agente de crime estamos a lidar, facilitando assim uma resposta mais eficaz tanto para a vítima, como para o próprio agente.

Apesar de esta ser uma questão ainda em crescimento, pretendemos também investigar como tem a jurisprudência nacional lidado com este fenómeno ao longo dos tempos.

Deste modo, o nosso estudo dividir-se-á em três grandes temas:

Inicialmente, trataremos da questão do Stalking propriamente dito, debruçando-nos sob a sua contextualização no mundo e na sociedade, analisando os elementos que o integram, o tipo objectivo e subjectivo de ilícito, as questões da culpa e da natureza do crime.

Numa segunda parte, e de extrema importância aos nossos olhos, teceremos algumas considerações acerca da inclusão de um bem jurídico descurado no ordenamento jurídico-penal Português, a **integridade psíquica**. Em nosso entender, trata-se de o bem jurídico mais afectado no que à problemática do Stalking se refere, na medida em que iremos determinar a sua consistência e avaliar a viabilidade de qualificação como bem jurídico-penal carecido de tutela.

O último grande tema compreende um conjunto de sub-temas específicos relativamente às várias modalidades penais do Stalking. Queremos com isto esmiuçar as questões relacionadas com as formas especiais do crime (tentativa, crime agravado pelo resultado, concurso de crimes e crime continuado); a problemática das consequências jurídicas do crime no que respeita à determinação e medida da pena, especiais atenuantes, agravantes e instituto da dispensa da pena, bem como a discussão no que concerne às penas acessórias; e a questão do cyberstalking e da indemnização civil por danos psíquicos provocados na vítima.

Ao longo da nossa investigação recorreremos a doutrina internacional, não só no que na Europa se discute, mais também nas restantes legislações mundiais. Acresce a intenção de analisar decisões jurisprudenciais no contexto do Stalking, no sentido de determinar como é este problema resolvido na prática e no quotidiano, avaliando a adequação das medidas aplicadas e tentando, da melhor maneira, abarcar o necessário no nosso ordenamento jurídico, fazendo em estudo do Direito Comparado.

A nossa comunidade jurídica carece de uma discussão acerca desta problemática cada vez mais emergente, motivo pelo qual nos propomos a elaborar um estudo aprofundando no que respeita a esta matéria, no sentido não só de tipificar estas condutas como crime mas apresentando-se possíveis soluções alternativas, bem como soluções de protecção da vítima e repressão de um fenómeno cada vez mais frequente na nossa sociedade.

Tendo o direito penal como função essencial a protecção de bens jurídicos assumidos pela consciência ético-social como fundamentais à realização pessoal e à convivência em sociedade, a violação desse núcleo de valores protegidos integra uma ofensa a toda a comunidade, e não apenas em relação à pessoa em quem se tenha concretizado a ofensa em particular. Assim, no crime de Stalking, o bem jurídico que deve ser tutelado, e cuja tutela o direito penal deve assumir, não está na concreta e individual integridade da pessoa afectada, mas sim no interesse de toda a comunidade social no respeito de todos e cada um na sociedade.

Em conclusão, ter-se-á como objectivo contribuir com sugestões para enfrentar tal modalidade de violência emergente na sociedade contemporânea.

II. CONTEXTUALIÇÃO E PROBLEMATIZAÇÃO SOCIOJURÍDICA: DA NECESSIDADE DE TIPIFICAÇÃO

A violência tem-se disseminado copiosamente na sociedade contemporânea e as políticas de segurança pública não são eficazes o suficiente para a enfrentar. Assim, em face dos novos contornos das práticas criminosas e persistência dos infractores, há um crescente número de vítimas cujas agressões não se restringem ao âmbito patrimonial ou contra a integridade física do indivíduo, atingindo também o seu estado psicológico, susceptíveis de causar consequência irreparáveis.

Ab initio importa-nos determinar e compreender a problemática que nos leva a projectar o estudo do Stalking enquanto figura social e juridicamente relevante.

Não havendo correlação directa na nossa linguística para denominar o crime de Stalking, podemos fazer uma aproximação ao termo "perseguição"[2]. Contudo, no decurso deste estudo, adoptaremos pela utilização do termo Stalking.

Abstractamente, por mais nocivo que seja determinado comportamento (ou o seu conjunto) este só tem reconhecimento jurídico criminal

---

[2] Do latim vulgar *persequo, -ere*, do latim *persequor, -qui*, seguir sem cessar, seguir até atingir, percorrer, reclamar, reivindicar; acto ou efeito de perseguir: seguir ou procurar alguém por toda a parte com frequência, insistência e falta de oportunidade; procurar fazer mal a alguém; tratar com violência ou agressividade; procurar ou incomodar com insistência; agir ou lutar para conseguir algo.

quando for tipificado como crime[3]. "O crime implica sempre duas coisas: um comportamento humano, e o julgamento ou a definição desse comportamento por parte de outros homens que o consideram como próprio e permitido, ou impróprio e proibido. Por isso o crime suscita sempre um duplo problema de explicação[4]: do comportamento como tal e das definições segundo as quais um comportamento específico é ou não considerado como crime."[5].

O tipo é uma criação abstracta e formal que se baseia num facto, sobre um evento, que ocorre no campo dos fenómenos causais. Por outras palavras, o crime é essencialmente o tipo: o facto concreto "encaixa" no tipo, mas não é o tipo. Assim, a qualidade que identifica a conduta criminosa não é o tipo, mas o típico, ou seja, a conformidade entre o concreto e a descrição do facto abstracto fixado pelo legislador.

O tipo tem como função a segurança jurídica, dando uma precisão e refinamento do princípio de reserva em que é exigido que os actos criminosos sejam declarados de tal índole por uma lei promulgada antes de sua implementação, o qual também deve especificar o valor a pena. Facilmente nos apercebemos que a descrição do evento pode ser ampla e vaga.

Em seguida, a criminalidade exige que o facto típico seja preciso e claramente descrito, cumprindo uma garantia importante. Outra função é dada pelo princípio da *ultima ratio* que informa que no Direito Penal aquilo que deve ser criminalizado, entre a variedade de comportamentos que aparecem contrárias o sentido ético-social, deverá ser o que merece ser punido com pena de prisão, em resposta ao amplo reconhecimento de sua importância.[6]

---

[3] "No direito penal, a legalidade dos ilícitos é conseguida através da técnica da tipicidade, que consiste em descrever, de forma clara, precisa e rigorosa, a conduta ou o facto considerados criminalmente reprováveis. Esta descrição é aquilo que constitui o que se chama "tipo" e assim aquela conduta ou aquele facto são chamados "conduta típica" ou "facto típico"(...)", Teresa Pizarro Beleza, 2ª edição,1984, p.73.

[4] Ainda a este propósito, "A verdade definitiva é que o comportamento criminal tem duas componentes irrenunciáveis – a do comportamento em si e a da sua definição como criminal –, pelo que qualquer doutrina a que ele se dirija não pode esquecer nenhuma delas. (...) "; Figueiredo Dias; 2007; p.133.

[5] Cfr. VOLD, G.; Theoretical Criminology, New York; 1958; pp.v ss..

[6] Ainda sobre a tipicidade do crime, importa salientar o princípio da legalidade da intervenção penal, comumente articulado à premissa *nullum crimen sine lege* -"Trata-se (...) do princípio da legalidade estrita, ou seja, não podemos conceber um tipo legal de crime que não se sub-

Partilhamos do entendimento[7] de que para o cometimento de um crime três elementos devem existir simultaneamente: primeiro, um **agressor motivado**; em segundo lugar, um **alvo adequado**; e finalmente, **a ausência de guarda capaz**. "A realidade do crime, porém, não resulta apenas do seu conceito, ainda que material, mas depende também da construção social daquela realidade: ele é em parte produto da sua definição social, operada em último termo pelas instâncias formais (legislador, polícia, ministério público e juiz) e mesmo informais (família, escolas, igrejas, clubes, vizinhos) de controlo social. (...) "[8].

A necessidade de conter os excessos criminais dá origem ao entendimento de que o Direito Penal[9] tem por objecto a tutela de bens jurídicos, e não a de direitos subjectivos. O legislador penal não encontra nos textos constitucionais um elenco definido e organizado de bens que lhe cabe tutelar. Incumbe-lhe a tarefa de selecção, de entre os bens constitucionais, daqueles que deve proteger com suas sanções. É seu ofício, nessa tarefa, definir os critérios que devem orientá-lo. De um lado, necessária se fez uma valoração da relevância do bem, ou seja, sua significação e importância. De outro lado, há que ter presentes as variadas formas com que podem ocorrer as lesões de tais bens, seleccionando as mais graves. E, de entre essas, as em que há necessidade da intervenção penal, por insuficientes as outras sanções que a ordem jurídica prevê para uma adequada tutela. O critério básico deste processo de escolha deve orientar-se pelo princípio da *ultima ratio* que, partindo da relevância do bem e da gravidade da lesão ao mesmo, faz com que se torne necessária a intervenção penal.

---

meta a este princípio. Não é possível ser definido um comportamento penalmente relevante se esse comportamento não estiver definido previamente em uma lei certa e precisa. Aliás, a própria pena criminal só faz verdadeiramente sentido quando previamente prevista em lei criminal.", José Faria Costa; 3ª edição; 2012; p.218, 219.

[7] Estes três elementos integram o que os autores denominam como a "Teoria da Actividade Rotineira"; cfr. "Stopping the Stalker", p.177; Lawrence E Cohen & Marcus Felson, "Social Change and Crime Rate Trend: A Routine Activity Approach".

[8] Figueiredo Dias; 2007; p.132.

[9] Relativamente aos valores e interesses fundamentais da sociedade que o Direito Penal deve proteger, argumenta o Presidente da Sociedade Americana de "Psychology-Law" que "If the law is to confirm the importance of the individual, then the meaning of the ideas in the law should match common understanding, the assumptions in the law should not falsify or mystify experience, and the law should protect those interests that are most critical subjectively to maintenance of dignity."; cfr. Susan Dennison, Don Thomson; 2000; p.2.

Convém enfatizar que inquestionavelmente estão a merecer a tutela penal os bens ditos primários, indispensáveis à própria existência da sociedade, tais como a vida, a integridade, a segurança e semelhantes. E, ainda, outros cuja inviolabilidade as constituições democráticas consagram por constituírem as bases da estrutura jurídica urdida pelo perfil ideológico que fundamenta tais constituições[10]. É de salientar que a tutela de tais bens é feita na legislação penal de forma directa, mas também preventiva. Essa última impõe-se por meio da punição de factos que constituem uma actividade prefacial – a agressão ao bem jurídico relevante – e que se não forem contidos tornam inócua a tutela do bem jurídico, se fosse inexistente essa criminalização de tutela prévia, resultaria inviável a protecção efectiva dos bens jurídicos relevantes.

A protecção penal faz-se pela criminalização protectora do bem jurídico-constitucional, tutelando-o não só directamente, mas, às vezes, por necessário, penalizando condutas preparatórias que se não enfrentadas tornariam inócua o fim de protecção do bem jurídico. Nesse caso, a protecção penal antecipa-se, criminalizando situações que põem em perigo o bem jurídico[11].

FRANCESCO PALAZZO contrapõe com critérios que devem orientar o legislador na criminalização dos bens jurídicos constitucionais: a fragmentariedade e a proporcionalidade. Tais critérios, na verdade, deduzem-se do princípio da *ultima ratio*, limitando a criminalização somente à protecção de bens relevantíssimos. Os ilícitos penais não abrangem a totalidade da área da ilicitude, constituindo apenas fragmentos da mesma. E, sendo a reacção penal a *ultima ratio*, ela não pode ultrapassar na qualidade e na quantidade da sanção ao dano ou perigo causado pelo crime [tem de ser proporcional, ou seja, estrita e evidentemente necessária]. Ou, em outros termos: o Direito Penal é fragmentário e proporcional porque somente se justifica a sua tutela quando se verifica a sua estrita necessidade[12].

---

[10] Como sejam a liberdade, a propriedade e idênticos.

[11] Ainda acerca desta problemática, "O nosso Direito Penal visa proteger os bens jurídicos fundamentais, decorrentes da Constituição, através da tipificação de certas acções humanas que, no contexto da sociedade onde se inserem, são consideradas nefastas ou erradas. Parte do pressuposto que há bens jurídicos a proteger e que existem certo tipo de acções, previamente definidas e tipificadas, que podem, no limite, ofender esses mesmos bens jurídicos."; Nuno Luz; 2012; p.33.

[12] Francesco Palazzo; Principi costituzionali, beni giuridici e scelte di criminalizzazione.

O universo normativo vigente, particularmente o penal, exige um excepcional esforço para se ajustar às necessidades emergentes do vacilante progresso científico e tecnológico que marca o dia-a-dia do mundo contemporâneo. Esse imperativo fez com que o jurista, especialmente o penalista, deixasse de ser apenas um intérprete da lei e passasse a dar sua contribuição para a renovação da ordem legal. Sobre a necessidade de tutela penal, concordamos que "(...) o direito penal só deve intervir, só deve querer aplicar-se, só deve tomar conta de um certo tipo de actuações ou de actos quando isso for por um lado eficaz e por outro necessário. Ou seja, só vale a pena, só tem sentido tornar certos actos crime, e portanto ameaça-los com uma pena que pode ser mais ou menos grave, quando não forem suficientes um outro tipo de medidas que podem ser, por exemplo, medidas civis, medidas administrativas ou até medidas de política social (como na maioria dos casos acontece). Por outro lado é necessário, também, que essa incriminação seja eficaz."[13].

Perante o *supra* exposto, afigura-se-nos que o Stalking apresenta relevância social no sentido de se elevar a tipo de crime. Assim,

O Stalking caracteriza-se por um conjunto peculiar de características que, cumulativamente, perfazem uma série de condutas delituosas que ainda não se encontram criminalizadas como um todo. Então, a prática de condutas de perseguição prevê a incursão na esfera da intimidade e privacidade da vítima, a reiteração de comportamentos que causam prejuízo à saúde psicológica e emocional do sujeito passivo; ofensa à sua idoneidade moral, modificação do seu estilo e vida e imposições à *liberdade de ir e vir*[14].

---

[13] Teresa Pizarro Beleza; 2ª edição; 1984, p.35.
[14] A primeira definição de Stalking surge na Califórnia em 1990, consagrando no parágrafo 646.9 CP o fenómeno como perseguição, assédio ou ameaça persistentes e repetidas a uma pessoa, de medo quer pela sua segurança, quer pela dos seus familiares:
"SECTION 1. [Penal Code] Section 646.9 [stalking] is added to the Penal Code, to read: 646.9. (a) Any person who willfully, maliciously, and repeatedly follows or harasses another person and who makes a credible threat with the intent to place that person in reasonable fear of death or great bodily injury is guilty of the crime of stalking, punishable by imprisonment in a county jail for not more than one year or by a fine of not more than one thousand dollars ($1,000), or by both that fine and imprisonment. (b) Any person who violates subdivision (a) when there is a temporary restraining order or an injunction, or both, in effect prohibiting the behavior described in subdivision (a) against the same party, is punishable by imprisonment in a county jail for not more than one year or by a fine of not more than one thousand dollars

Primordialmente surge-nos uma introdutória questão: Estaremos perante um novo crime para um velho comportamento quotidiano?[15] MELOY[16] entende que "Stalking é um velho comportamento mas um novo crime". A lei não cria o fenómeno social, ou seja, o direito, para além da norma, já é concebido por uma multiplicidade de factores históricos, sociais e culturais[17]. O Stalking não é um fenómeno recente, mas só recentemente tem adquirido visibilidade na vida social, consequência das evoluções sociológicas decorrentes da própria evolução humana e da sua consciencialização em relação ao espaço que cada individuo ocupa na sociedade[18]. A razão para a criminalização de tal conduta não deve apenas

---

($1,000), or by both that fine and imprisonment, or by imprisonment in the state prison. (c) A second or subsequent [California stalking] conviction occurring within seven years of a prior conviction under subdivision (a) against the same victim, and involving an act of violence or "a credible threat" of violence, as defined in subdivision (e), is punishable by imprisonment in a county jail for not more than one year, or by a fine of not more than one thousand dollars ($1,000), or by both that fine and imprisonment, or by imprisonment in the state prison. (d) For the purposes of this section, "harasses" means a knowing and willful course of conduct directed at a specific person which seriously alarms, annoys, or harasses the person, and which serves no legitimate purpose. The course of conduct must be such as would cause a reasonable person to suffer substantial emotional distress, and must actually cause substantial emotional distress to the person. "Course of conduct" means a pattern of conduct composed of a series of acts over a period of time, however short, evidencing a continuity of purpose. Constitutionally protected activity is not included within the meaning of "course of conduct." (e) For the purposes of this section [that is, California stalking law], "a credible threat" means a threat made with the intent and the apparent ability to carry out the threat so as to cause the person who is the target of the threat to reasonably fear for his or her safety. The threat must be against the life of, or a threat to cause great bodily injury to, a person as defined in Section 12022.7. This section shall not apply to conduct which occurs during labor picketing."

[15] Relativamente a esta problemática, "Embora o stalking seja um "comportamento antigo", só nos últimos décadas, começou a ser visto como um tipo de violência interpessoal. Desde o seu reconhecimento social, várias perspectivas e teorias surgiram e agora está essencialmente conceituado a partir de uma perspectiva de gênero e incluída na violência relacional", cfr. "Marlene Matos, Helena Grangeia; Célia Ferreira, Vanessa Azevedo; 2012; p.189.

[16] Meloy, J. R; "The psychology of stalking"; Clinical and forensic perspectives.

[17] No que concerne ao fenómeno social do Stalking, cremos que "o homem está fadado a perseguir aquilo que ama. Lá se vão (...) mais de cinco milhões de anos de evolução e cinco milénios de interacções e esforços cívicos, nos quais o amor se fez presente como fruto e garantia da convivência social. E é no amor que está presente a semente do Stalking."; Brian H. Spitzberg, William R. Cupach; 2004; p.4.

[18] Assim, "É na medida em que o cultural condiciona o político que a nação em si, adquire relevância específica no Estado contemporâneo, quer gerando factos políticos quer obtendo tradução normativa enquanto tal.", Jorge Miranda; Tomo III; 5ª edição; p.68.

apoiar-se na produção desses factos, os quais devem encontrar terreno fértil adequado para causar o aparecimento de um novo crime. Isto é, a justificação para o aparecimento do Stalking como um crime deve fundar-se a partir de uma perspectiva construcionista, que explica a criação de crime na luta contra o comportamento anómalo que (re)apareceu como novo. É a construção social do problema e não a sua própria aparência ontológica que leva à incriminação de tal conduta. Obviamente, o processo refere-se ao desenvolvimento social requerendo a identificação prévia do problema, a sua rotulagem; no entanto, a designação e conceituação social do fenómeno não são ampliações forasteiras e distorções causadas essencialmente pela comunicação social. A necessidade de incriminação desta conduta radica na preocupação social do fenómeno que aparente perigosidade para o bem-estar individual e colectivo.

Importa mencionar, no que respeita à intervenção jurídica em matéria de Stalking, os dois casos mais antigos de que se tem notícia sendo eles **DENNIS V. LANE**[19] (Inglaterra, 1704) e **REGINA V. DUNN**[20] (Inglaterra,

---

[19] Dr. Lane, médico, cujo comportamento configurou uma situação se Stalking com uma das suas doentes, envolveu-se num caso mediático no Reino Unido. Apesar de a mãe da doente ter proibido por diversas vezes o médico de ter contacto com a sua filha, o mesmo não desistiu, chegando inclusive, antes de ser levado a tribunal, a ter entrado na sua casa, agredido o seu advogado e seguindo-as até Londres. Foi nesta viagem que permaneceu num quarto de hotel próximo ao da vítima para chegar ao contacto com ela no dia seguinte, na presença de outras pessoas que a acompanhavam. A sua conduta não logrou resultado, tendo mesmo sido levado a tribunal, o qual decretou a provisão de pagamento de uma caução no valor de 400£ durante um ano e um dia, por entender que era a única medida adequada ao comportamento do médico. Porém, segundo relatórios realizados no âmbito do processo, verificou-se que a "medida" aplicada não foi adequada, tendo insucesso. Cfr. Paul E. Mullen, Michele Pathé, Rosemary Purcell; 2000; p.251.

[20] Neste caso, Dunn, o alegado stalker, perseguia a vítima, Coutts, através de cartas que lhe enviava regularmente. Chegou inclusive a segui-la até um hotel onde ela se encontrava, e, numa das cartas que lhe dirigiu, a vítima sentia que a segurança estava seriamente em risco e pediu protecção ao tribunal. Nesta primeira ocorrência, o tribunal decidiu ordenar Dunn ao pagamento de uma caução, contudo, não tendo este possibilidades monetárias para assegurar o pagamento da mesma, foi detido e levado para um estabelecimento prisional onde permaneceu durante algum tempo. Durante o curso deste processo, Coutts mudou de distrito. Quando Dunn foi libertado continuou a perseguir Coutts e também os seus amigos, chegando mesmo a abordá-la pessoalmente. Assim, mais uma vez, Coutts tentou que o tribunal a protegesse. A medida aplicada foi exactamente a mesma que a anterior. Não tendo esta surtido qualquer efeito, Dunn voltou a repetir os seus comportamentos e Coutts solicitou, uma última vez, a intervenção do tribunal. Desta vez, Coutts teria de fundar o seu receio relativamente a Dunn

1840). Este fenómeno provavelmente ocorreu de variadas formas, desde os primórdios das relações entre pares. Primitivamente, os meios de comunicação social referiam-se ao Stalking como invasões da vida de celebridades por fãs com transtornos mentais, mas houve posteriormente uma generalização nas condutas para cobrir uma gama de comportamentos de assédio recorrentes, particularmente em disputas domésticas.

por escrito, tendo ajuda do seu advogado. Porém, o tribunal entendeu que não havia fundamento para o medo de Coutts, acabando por absolver Dunn por inadequação da prova do requisito do medo. Cfr. Paul E. Mullen, Michele Pathé, Rosemary Purcell; 2000; pp. 251 e 252.

III. CONVENÇÕES DO CONSELHO DA EUROPA E JURISPRUDÊNCIA DO TRIBUNAL EUROPEU DOS DIREITOS DO HOMEM

Antes de mais, impõe-se referenciar que a problemática do Stalking surge como um problema social relacionado com a violência contra as mulheres[21], concretamente em situações de ruptura de relacionamentos amorosos.

Contudo, parece-nos que este ilícito, progressivamente, vai apresentando dinâmicas mais amplas, não se restringindo apenas aos casos referidos. Assim, entendemos que esta questão, apesar de ter sido sinalizada, inicialmente, através da violência conjugal, a esta já não se deve cingir. Este é um dos motivos, entre outros, porque deve o Stalking integrar um tipo de ilícito autónomo, não devendo integrar-se apenas na questão da violência doméstica, prevista no art. 152.º do nosso Código Penal (CP).

---

[21] O Stalking pós-ruptura relacional trata-se de uma extensão ou variante da violência conjugal como forma de manter a ligação entre os/as stalkers e os seus/suas (ex-) parceiros/as, ou como tentativa de manter o poder e o controlo sobre estes/as; acções entendidas como tentativas legítimas para reatar a relação ou "reconquistar" a ex-companheira, camuflando a fase da "lua-de-mel" característica da violência conjugal. Em situações de pós-ruptura relacional há um maior risco de violência física, persistência, reincidência, diversidade de estratégias e mais rápida escalada de comportamentos; de homicídio conjugal após a ruptura do que durante a relação e os Stalkers tornam-se mais ofensivos, controladores e ameaçadores.

No que respeita à jurisprudência do Tribunal Europeu dos Direitos do Homem, vários são os casos de crimes cometidos no âmbito da violência conjugal e a ulterior ineficácia por parte do sistema judicial em assegurar a protecção das vítimas. Em todos os casos os Estados foram condenados a indemnizar essas mesmas vítimas. Vejamos:

O caso **KONTROVÁ v. SLOVAKIA**[22] teve origem num pedido (nº. 7510/04), contra a República Eslovaca apresentado ao Tribunal, nos termos do art. 34.º[23] da Convenção para a Protecção dos Direitos Humanos Direitos e das Liberdades Fundamentais (Convenção Europeia dos Direitos do Homem) por um eslovaco nacional, Ms Dana Kontrová ("requerente"), em 20 de Fevereiro de 2004. O requerente alegou, em especial, que a polícia não tinha tomado medidas apropriadas para proteger a vida dos seus filhos e sua vida privada e familiar, apesar de saber do comportamento abusivo do seu falecido marido e suas ameaças fatais, mesmo sabendo que tinha sido impossível para ela obter a reparação do dano moral que tinha sofrido; tendo invocado os artigos 2.º, 6.º e 8.º da Convenção. O Tribunal decidiu igualmente examinar, oficiosamente, nos termos do artigo 13.º da Convenção, tomada em conjunto com os artigos 2.º e 8.º da mesma. Por decisão de 13 de Junho de 2006, o Tribunal de Justiça julgou o pedido parcialmente admissível.

No caso **BEVACQUA E S. v. BULGÁRIA**[24] foi apresentado um pedido (nº. 71127/01) contra a República da Bulgária ao Tribunal, nos termos do art. 34.º da Convenção por dois cidadãos búlgaros, Mrs Valentina Nikolaeva Bevacqua e o seu filho menor S. ("os requerentes"), em 23 de Novembro 2000. Os requerentes alegaram, nomeadamente, que o tribunal não se pronunciou num prazo razoável no diferendo relativo à custódia do segundo recorrente e não conseguiu ajudar o primeiro, que havia sido vítima de violência doméstica pelo seu ex-marido. Baseando-se nos artigos 3.º, 8.º, 13.º e 14.º, os demandantes reclamaram que as autoridades não tomaram

---

[22] Disponível em: http://www.equidad.scjn.gob.mx/biblioteca_virtual/jurisprudencia/Internacionales/Tribunal es/TribunalEuropeoDeDerechosHumanos/07.pdf

[23] Onde se prevê que "O Tribunal pode receber petições de qualquer pessoa singular, organização não governamental ou grupo de particulares que se considere vítima de violação por qualquer Alta Parte Contratante dos direitos reconhecidos na Convenção ou nos seus protocolos. As Altas Partes Contratantes comprometem - se a não criar qualquer entrave ao exercício efectivo desse direito.".

[24] Disponível em: http://www.equidad.scjn.gob.mx/biblioteca_virtual/jurisprudencia/Internacionales/Tribunal es/TribunalEuropeoDeDerechosHumanos/03.pdf

as medidas necessárias para garantir o respeito pela sua vida familiar, não tendo conseguido proteger o primeiro recorrente contra o comportamento violento do seu ex-marido.

Também o caso **BRANKO TOMAŠIĆ AND OTHERS v. CROATIA**[25] debate a questão do crime em contexto de violência conjugal. Neste, o Tribunal de Justiça decidiu, por unanimidade, que houve uma violação do art. 2.º da Convenção por conta da falta de medidas adequadas por parte das autoridades croatas para prevenir as mortes de MT e V.T.

Em especial o caso **OPUZ C. v. TURQUIA**[26], demonstra que a violência entre ex-cônjuges pode caber na tipificação do crime de stalking, na medida em que os actos praticados pelo agente na figura de ex-marido ou ex-companheiro possam ser punidos criminalmente (ou, no mínimo, tutelados pela lei penal) para que as entidades competentes tenham uma atitude activa e preventiva. Neste, o litígio teve origem no pedido (n°. 33401/02) contra a República da Turquia, apresentado por um nacional da Turquia, Ms. Nahide Opuz ("o requerente "), a 15 de julho de 2002. O requerente alegou, em particular, que as autoridades estaduais tinham falhado em protegê-la a si e à sua mãe, contra a violência doméstica, o que resultou na morte da sua mãe e no desenvolvimento de uma doença em si própria. Em 28 de Novembro de 2006 o Tribunal decidiu notificar o pedido ao Governo. Juntou-se ao mérito das denúncias nos termos dos artigos 2.º e 14.º da Convenção excepções preliminares do Governo em matéria de não esgotamento dos recursos internos, declarando o recurso admissível. O Tribunal considerou que houve uma violação do art. 2.º da Convenção, em relação à morte da mãe do requerente; afirmou que havia ocorrido uma violação do art. 3.º da Convenção em relação ao fracasso das autoridades para proteger a recorrente contra a violência doméstica perpetrada por seu ex-marido; defendeu que não houve necessidade de examinar as queixas ao abrigo dos artigos 6.º e 13.º da Convenção; e afirmou, ainda, que foi violado o art. 14.º em conjugação com os artigos 2.º e 3.º da Convenção.

Perante o exposto, vislumbra-se uma obrigação positiva de os Estados-Membros na protecção das vítimas de violência doméstica e Stalking

---

[25] Disponível em: http://hudoc.echr.coe.int/sites/eng-press/pages/search.aspx?i=003-2602993- 2833362#{"itemid":["003-2602993-2833362"]}

[26] Disponível em: http://www.equidad.scjn.gob.mx/biblioteca_virtual/jurisprudencia/Internacionales/Tribunal es/TribunalEuropeoDeDerechosHumanos/12.pdf

(poder político, executivo – entidades policiais – e judicial). Esta protecção das vítimas deve ter em conta o **critério da medida "razoável" e "proporcional" na satisfação das obrigações positivas**[27] (avaliação *in concreto*). A perspectiva de género na construção do quadro legal e no direito a um recurso efectivo é uma questão de direitos humanos e de discriminação positiva garantida pela Convenção Europeia dos Direitos do Homem. Nos casos julgados foram identificadas falhas graves no dever de os Estados protegerem as vítimas e os direitos humanos. Nestes casos o Tribunal Europeu dos Direitos do Homem julgou terem sido violados os artigos 2.º[28], 3.º[29], 8.º[30], 13.º[31] e 14.º[32] da CEDH.

---

[27] A intervenção penal merece ser desviada quando revelar ser inadequada, posto que muito superior ao entendimento do mero castigo, que apenas tem o condão de excluir e marginalizar pessoas, desumanizando o Direito (razoabilidade). Quando presente esta condição para a intervenção, por fim, em nome do senso de justiça, a pena a ser imposta deve guardar correlação com as circunstâncias concretamente consideradas, afastando-se o jurista da falácia de considerar apenas abstractamente o conteúdo da norma positivada, posto que, para prevenir, a reprimenda deve ser proporcional ao facto peculiar, não a letra fria da lei considerada na sua generalidade (proporcionalidade). Assim, considera-se a humanização da aplicação do Direito Penal, ou seja, a adjectivação da dignidade e a análise prévia dos princípios da razoabilidade e proporcionalidade, inseridos num grande número de outros princípios, mesmo que de forma indirecta.

[28] **Direito à Vida:** "1. O direito de qualquer pessoa à vida é protegido pela lei. Ninguém poderá ser intencionalmente privado da vida, salvo em execução de uma sentença capital pronunciada por um tribunal, no caso de o crime ser punido com esta pena pela lei.".

[29] **Proibição da tortura:** "Ninguém pode ser submetido a torturas, nem a penas ou tratamentos desumanos ou degradantes.".

[30] **Direito ao respeito pela vida privada e familiar:** "1. Qualquer pessoa tem direito ao respeito da sua vida privada e familiar, do seu domicílio e da sua correspondência. 2. Não pode haver ingerência da autoridade pública no exercício deste direito senão quando esta ingerência estiver prevista na lei e constituir uma providência que, numa sociedade democrática, seja necessária para a segurança nacional, para a segurança pública, para o bem-estar económico do país, a defesa da ordem e a prevenção das infracções penais, a protecção da saúde ou da moral, ou a protecção dos direitos e das liberdades de terceiros.".

[31] **Direito a um recurso efectivo:** "Qualquer pessoa cujos direitos e liberdades reconhecidos na presente Convenção tiverem sido violados tem direito a recurso perante uma instância nacional, mesmo quando a violação tiver sido cometida por pessoas que actuem no exercício das suas funções oficiais.".

[32] **Proibição de discriminação:** "O gozo dos direitos e liberdades reconhecidos na presente Convenção deve ser assegurado sem quaisquer distinções, tais como as fundadas no sexo, raça, cor, língua, religião, opiniões políticas ou outras, a origem nacional ou social, a pertença a uma minoria nacional, a riqueza, o nascimento ou qualquer outra situação.".

O Conselho da Europa promoveu a Convenção para a Prevenção e Combate à Violência sobre as Mulheres e Violência Doméstica, Convenção que Portugal assinou a 11 de Maio de 2011[33]. Acresce que várias sessões de discussão têm incidido sobre a problemática do Stalking. Johanna Nelles, representante do Directório de Justiça e Dignidade Humana do Conselho da Europa, esclareceu de que forma a Convenção abarcava o problema do Stalking. Assim, o art. 34.º[34] desta Convenção abrange a necessidade dos Estados signatários incluírem na sua legislação interna a criminalização de actos persecutórios. Acrescentou, ainda, que essa legislação não devia fazer distinção entres sexos, pois o problema manifestava-se tanto em vítimas do sexo feminino como do sexo masculino.

Após o exposto, impõe-se desintegrar a problemática do Stalking da questão da violência doméstica, para uma maior abrangência da legislação penal portuguesa.

O que sucede, a nosso ver, é que a Convenção ora referida é apta a restringir a problemática do Stalking apenas em situações estritamente relacionadas com o crime de violência doméstica. Este tratado constitui o primeiro conjunto de normas juridicamente vinculativas em matéria de prevenção e combate à violência contra as mulheres e violência doméstica na Europa, exigindo que os Estados Partes previnam esta violência, protejam as vítimas, julguem os autores e coordenem medidas através da adopção de políticas abrangentes. Além da restrição à violência doméstica, parece-nos também óbvia a discriminação no que respeita ao sexo, devendo, assim, o Estado Português adoptar medidas legislativas, conforme dispõe o art. 34.º da Convenção.

---

[33] "Partindo da noção de que a violência de género é uma situação estrutural, a Convenção de Istambul defende que a igualdade real entre homens e mulheres não poderá ser conseguida se ocorrências de violência de género continuarem a suceder em larga escala sem que os Estados e respectivas instituições tomem medidas para as impedirem. O que torna este instrumento especialmente relevante na luta contra a desigualdade e a violência de género é, entre outros, o facto de o Estado que ratifique a Convenção ficar imbuído do dever de aprofundar as medidas de prevenção da violência contra as mulheres e violência doméstica, com a subsequente protecção das vítimas e punição dos perpetradores.", cfr. PROJETO DE LEI N.º 647/XII.

[34] Onde se estabelece que "As Partes deverão adoptar as medidas legislativas ou outras que se revelem necessárias para assegurar a criminalização da conduta de quem intencionalmente ameaçar repetidamente outra pessoa, levando-a a temer pela sua segurança.".

De acordo com o PROJETO DE LEI N.º 647/XII "(...) Tendo Portugal sido o primeiro País da União Europeia a ratificar a Convenção de Istambul, impõe-se agora concretizar as implicações legislativas penais da ratificação dessa Convenção, nomeadamente procedendo à **criminalização autónoma da perseguição** e do casamento forçado, desiderato da presente iniciativa legislativa. O **artigo 34.º da Convenção** prevê expressamente que os Estados signatários devem adoptar as medidas legislativas ou outras que se revelem necessárias para assegurar a criminalização da conduta de quem intencionalmente ameaçar repetidamente outra pessoa, levando-a a temer pela sua segurança. (...) A **perseguição** - ou *stalking* - é um padrão de comportamentos persistentes, que se traduz em formas diversas de comunicação, contacto, vigilância e monitorização de uma pessoa-alvo. Estes comportamentos podem consistir em acções rotineiras e aparentemente inofensivas (como oferecer presentes, telefonar insistentemente) ou em acções inequivocamente intimidatórias (por exemplo, perseguição, mensagens ameaçadoras). Pela sua persistência e contexto de ocorrência, este padrão de conduta pode escalar em frequência e severidade o que, muitas vezes, afecta o bem-estar das vítimas, que são sobretudo mulheres e jovens. A perseguição consiste na vitimização de alguém que é alvo, por parte de outrem (o assediante), de um interesse e atenção continuados e indesejados (vigilância, perseguição), os quais são suscetíveis de gerar ansiedade e medo na pessoa-alvo. Em Portugal, a perseguição não se encontra especificamente criminalizada, embora seja possível enquadrar vários dos seus comportamentos ou contextos de ocorrência em algumas tipificações penais existentes, como a violência doméstica (artigo 152.º do CP), a ameaça (artigo 153.º do CP), a coacção (artigo 154.º do CP), a violação de domicílio ou perturbação de vida privada (artigo 190.º do CP), a devassa da vida privada (artigo 192.º do CP) ou as gravações e fotografias ilícitas (artigo 199.º do CP). (...) Do disposto no já referido artigo 34.º da Convenção de Istambul decorre expressamente a obrigação de o Estado português criminalizar a conduta de perseguição. A necessidade de intervenção legislativa neste âmbito é reforçada pelo facto de a protecção da integridade física e psíquica das vítimas e a repressão deste fenómeno não se encontrarem plena e cabalmente asseguradas no ordenamento jurídico actual. Considera-se, por isso, que a perseguição tem suficiente dignidade e valoração jurídico-penal para ser integrada no elenco dos crimes contra a liberdade pessoal, pois é disso que efectivamente se trata. (...)"[35].

Perante o descrito, tendo em consideração que Portugal é parte na Convenção para a Prevenção e Combate à Violência sobre as Mulheres e a Violência Doméstica, por força do artigo 8.º da nossa Constituição[36], e tendo por base a máxima *nullum crimen, nulla poena sine lege* (ou seja, não pode haver um crime sem haver lei prévia, escrita e certa) somos da opinião, que é de extrema relevância incluir no Código Penal Português uma regra que acolha o Stalking. Desta forma, procurar-se-ia com a criminalização deste fenómeno, que as vítimas deste tipo de comportamentos ilícitos se vissem amparadas e com uma acrescida legalidade para agir penalmente contra os perpetradores.

---

[35] Sublinhado nosso; disponível em: http://www.parlamento.pt/Paginas/PaginaIndisponivel.aspx? aspxerrorpath=/webutils/docs/doc.doc

[36] "**Direito internacional**: 1. As normas e os princípios de direito internacional geral ou comum fazem parte integrante do direito português. 2. As normas constantes de convenções internacionais regularmente ratificadas ou aprovadas vigoram na ordem interna após a sua publicação oficial e enquanto vincularem internacionalmente o Estado Português. 3. As normas emanadas dos órgãos competentes das organizações internacionais de que Portugal seja parte vigoram directamente na ordem interna, desde que tal se encontre estabelecido nos respectivos tratados constitutivos.4. As disposições dos tratados que regem a União Europeia e as normas emanadas das suas instituições, no exercício das respectivas competências, são aplicáveis na ordem interna, nos termos definidos pelo direito da União, com respeito pelos princípios fundamentais do Estado de direito democrático.".

IV. PROBLEMÁTICA DO STALKING E ELEMENTOS CONSTITUTIVOS

Os comportamentos aptos a consubstanciar o Stalking foram documentados desde o século XVIII, apesar de a primeira lei anti-perseguição ter surgido na Califórnia em 1990; tendo-se seguido a Austrália, Reino Unido, Alemanha e outros países Europeus que introduziram a legislação. No entanto, a perseguição não aparece na agenda social e legal até ao surgimento do movimento feminista, com a visibilidade do fenómeno e o seu impacto na vida das mulheres. Uma consideração importante circundante aos estatutos de perseguição envolveu a diferenciação entre as formas de comportamento de Stalking. Este não compreende uma única acção ou evento, mas abrange uma diversidade de comportamentos que podem tomar lugar no decorrer de um período de tempo prolongado e que, no isolamento, podem ser considerados inofensivos. Exemplos de tais comportamentos podem incluir seguir um indivíduo, permanecer perto da sua casa ou do seu local de trabalho, observação à distância ou mesmo aproximação à vítima. O Stalking pode também incluir a comunicação indesejada com a vítima através de carta, e-mail ou notas. Podem ser encomendados e enviados para uma vítima presentes, a propriedade invadida e proferidas acusações sobre os seus sentimentos e intenções. Ameaças, agressão sexual e física podem ocorrer contra terceiros, incluindo familiares e amigos. As definições legais de perseguição tomaram múltiplas formas mas envolvem, primordialmente, a intencionalidade, um padrão de comportamentos repetidos em relação a uma ou mais pessoas, comportamentos estes não desejadas e ameaçadores resultando no medo da vítima, avaliado este último no que uma *pessoa razoável* iria considerar como aterrador ou ameaçador.

A imagem histórica do assediador, frequentemente, consistia na de um indivíduo patológico envolvido num curso de comportamentos delirantes contra uma celebridade. No entanto, a maioria dos Stalkers que suscitam a atenção da lei são tipicamente indivíduos mórbidos relacionados com uma outra pessoa, mas reconhecem que a conexão não é recíproca. Essas posições têm inevitavelmente influenciado a teoria em que a principal literatura teórica normalmente exerce em dois campos. Isso inclui a clínica, que incide sobre paradigmas da doença mental, distúrbios de personalidade e transtorno de apego e da literatura científica social.

Esta última abordagem relaciona-se com as perseguições cujo resultado de desafios cercam a formação e ruptura de relações. Quando um relacionamento termina, por exemplo, a persistência de um parceiro pode intensifica-se numa tentativa de reconquistar esse relacionamento, culminando na perseguição como comportamento de tipo.

A teoria do apego tem sido constantemente usada por psicólogos clínicos para explicar comportamentos persecutórios, enfatizando a importância do processo de ligação entre a criança e o "cuidador" primário durante a infância. Os bebés que desenvolvem um apego seguro conquistam uma sensação de segurança e capacidade de resposta a partir desse "cuidador". Aqueles que desenvolvem uma rejeição experienciam um apego inseguro ou indiferente. Este apego inseguro manifesta-se em tendências de evitação (sendo destacada a do cuidador) ou tendências de ansiedade / ambivalência (a necessidade de afecto, mas temor que este seja retirado). O processo de ligação durante a infância é pensado para orientar o apego de um indivíduo para outros significativos ao longo da vida. Portanto, os indivíduos que desenvolvem um senso seguro de apego, desenvolvem visões positivas de si e dos outros. Em contraste, aqueles que desenvolvem uma forma preocupada de apego desenvolvem uma visão negativa de si mesmos, mas a percepção positiva dos outros. Isso resulta numa procura para a auto-aceitação, através da aprovação de pessoas importantes na vida do indivíduo[37].

Apesar do destaque das teorias de anexo dentro de contextos clínicos é possível que os comportamentos de Stalking se relacionem com os desa-

---

[37] Cfr. Kienlen, 1998; Kienlen et al., 1997; Mely, 1992 e 1996.

fios associados ao desenvolvimento de uma relação estreita. A "Teoria da procura de objectivos relacionais" tem sido desenvolvida para acomodar tais argumentos e baseia-se na premissa de que os seres humanos devem definir metas para atingir relações específicas, como o fazem em relação a alcançar outros resultados. Quando a quantidade de esforço necessário para alcançar um objectivo exceder o valor de obtê-lo, ou quando ele for considerado inalcançável, normalmente esse objectivo é perdido para o exercício de outro. Esta teoria defende que aqueles que obsessivamente procuram um relacionamento que não é correspondido incrementam a importância de se obter esse relacionamento objectivo, resultando em pensamentos e acções que alimentam a perseguição. Tais indivíduos superestimam a associação entre alcançar esse relacionamento e a obtenção de metas de ordem superior, tais como felicidade e auto-estima. Por isso, o indivíduo passa a acreditar que sua felicidade repousa sobre a realização do relacionamento. Os problemas de ansiedade resultam de os indivíduos não conseguirem alcançar o resultado desejado, fornecendo a motivação para persistir e a intensificação de sentimentos, juntamente com a ansiedade e pensamentos distorcidos, bem como a desinibição da capacidade do indivíduo para racionalizar a (des)adequação da perseguição. Enquanto os factores de diferença individuais talvez precisem de melhor desenvolvimento no âmbito da abordagem, a teoria enquadra os comportamentos de perseguição na esfera relacional, deslocando-se assim longe de entendimentos de perturbação psiquiátrica. Este é um movimento positivo à luz de Spitzberg e Cupach[38], que defendem que a pesquisa do Stalking deve começar a reconhecer as diferenças entre as formas mais perigosas de perseguição que conduzem à violência e ao homicídio, e as formas mais frequentes que sustentam a ruptura de uma relação.

No sentido de teorizar o Stalking, várias têm sido as perspectivas teóricas propostas para explicar os diversos aspectos do mesmo e a sua vitimização[39]. Estas abordagens tendem a estar em fases relativamente iniciais de aplicação e de testes empíricos que diz respeito à intrusão obsessivo e perseguição. Apesar de existirem várias teorias, centrar-nos-emos em três, que demonstram a diversidade e complementaridade de conceitos que

---

[38] Brian H. Spitzberg, William R. Cupach; 2007.
[39] Cfr. Brian H. Spitzberga, William R. Cupach; 2001; pp. 365 ss.

podem ser empregadas para desenvolver uma compreensão abrangente das dinâmicas complexas que envolvem intrusão obsessiva e perseguição. Esta compreensão teórica irá contribuir para os objectivos da previsão bem-sucedida, prevenção, intervenção e tratamento deste novo crime.

Na **TEORIA DA ACTIVIDADE DE ROTINA**[40] a compreensão dos eventos criminais é obtida focando a atenção na especificidade das actividades de populações de vítimas e a sua associação com o risco de vitimização. Assume-se que certas características e actividades das vítimas as tornam mais acessíveis aos agentes do crime, e, portanto, mais vulneráveis. Noutras palavras, as actividades de rotina de algumas vítimas aumentam a probabilidade de entrar em contacto com um potencial criminoso, em virtude das actividades que exercem, onde aparecem, e com quem entram em contacto. Por exemplo, indivíduos que trabalham geralmente são expostos com mais frequência a potenciais perpetradores, em comparação com indivíduos que estão desempregados. Mustaine&Tewksbury[41] adoptaram esta teoria para prever a probabilidade da vitimização por Stalking entre estudantes universitários do sexo feminino. Estes examinaram 861 mulheres de nove instituições diferentes sobre os seus dados demográficos individuais, actividades sociais, medidas de auto-protecção, actividades ilegais, etc.. Os investigadores encontraram os seguintes factores que foram associados ao aumento de probabilidades de ter sido vítima de Stalking: a frequência em centros comerciais, viver fora do campus universitário, estar a trabalhar, ter comprado drogas ilegais nos 6 meses anteriores e o transporte de navalhas para sua protecção; reconhecendo que alguns destes factores podem ser um efeito e não uma causa. Ou seja, vítimas de Stalking podem ser mais inclinadas a fazerem-se acompanhar de uma arma porque temem ser atacadas. Dados longitudinais são necessários para testar de forma mais rigorosa a teoria. Não obstante, os dados sugerem que o estilo de vida explica parcialmente a probabilidade de vitimização por Stalking.

Na **TEORIA DO APEGO**, já *supra* aludida, uma explicação que foi oferecida para explicar a predisposição de um indivíduo para o Stalking é a

---

[40] "Teoria da actividade rotineira argumenta que os eventos criminais são o produto do cruzamento de tempo e espaço de criminosos motivados, alvos adequados, e uma ausência de guardiões capazes de impedir o crime", cfr. Mustaine&Tewksbury, 1999, p. 46.
[41] cfr. Mustaine&Tewksbury, 1999, p. 46 ss.

perturbação da infância do indivíduo de fixação[42]. As crianças que apresentam padrões saudáveis de ligação com seus pais desenvolvem a confiança e garantia que permite a normal gestão de relacionamentos na sua vida adulta. No entanto, quando a relação criança-pai é interrompida, o indivíduo pode apresentar um estilo inseguro de ligação emocional enquanto adulto. A interrupção pode ter várias origens, como seja a separação, o abuso físico, emocional ou sexual, etc.

Por último, na **VINCULAÇÃO E TEORIA DA RUMINAÇÃO OBSESSIVA**, a visão de interacção de ORI (intrusão relacional obsessiva) sugere que uma procura de relacionamento está fundamentada no objectivo do stalker possuir ou manter uma relação afectiva. No caso do Stalking, o perseguidor liga o objectivo de ter/manter uma relação com o objecto a um objectivo de alta ordem, tais como a auto-estima ou a felicidade. Sendo esta vinculação frustrada, o perseguidor experimenta ruminação[43], que consiste em repetidos, intrusivos e obsessivos pensamentos sobre a meta não atingida, entenda-se, a vítima. Ao longo do tempo, a reflexão aumenta em intensidade e frequência, que, por sua vez, origina o aumento das condutas típicas de perseguição[44]. O perseguidor percebe sinais de encorajamento e de reciprocidade onde estes não existem, e os esforços da vítima na rejeição podem ser mal interpretados e serem vistos como sinais de afecto. Em geral, o perseguidor ignora ou subestima grosseiramente as consequências adversas de procura persistente para com o objecto.

Apesar de toda a problemática que rodeia este novo crime nos diversos ordenamentos jurídicos, é possível delimitar um conjunto de elementos que o caracterizam especialmente, além do "curso de condutas" passíveis de o integrar, que passaremos a analisar. Assim:

---

[42] Cfr. Kienlen, 1998; Kienlen et al., 1997; Meloy, 1992, 1996.
[43] Cfr. Martin & Tesser, 1989, 1996.
[44] "The pursuer gets trapped in a vicious cycle of absorbing and aversive rumination and affect. Rumination leads to greater negative affect, which, in turn, increases rumination, and so on, thereby perpetuating persistence in the recovery or development of the desired relationship"; cfr. Cupach et al., 2000, p. 141.

1) INTENÇÃO[45]

Muitas legislações exigem na acusação o requisito da intencionalidade, isto é, tem que ser provado que o stalker praticou actos que constituem o Stalking e, na maioria dos casos, é igualmente essencial mostrar que os comportamentos se destinavam a ameaçar ou a provocar medo nas vítimas (intenção). É comum considerar que as acções do agressor eram de tal forma que ele «sabia ou deveria saber» que estas seriam hábeis a provocar a sensação de ameaça ou medo. É neste contexto que nos referimos a um padrão de "pessoa razoável", onde se questiona se uma pessoa razoável em circunstâncias semelhantes se sentiria com medo pelo comportamento perpetrado.

A intenção foi definida, no caso **GUNES&TUNC V. PEARSON**[46], 1996, como sendo **"a intenção de causar dano físico ou mental à vítima ou de suscitar apreensão ou medo na vítima por sua ou da sua segurança ou a de qualquer outra pessoa"** (negrito nosso).

2) AMEAÇA

Refira-se, desde já, que uma ameaça pode ser explícita ou implícita. Em qualquer dos casos as ameaças de perseguição não requerem qualquer imediatismo; a execução das ameaças podem surgir num futuro indefinido. As ameaças implícitas diferem de ameaças explícitas na medida em que não transmitem uma ameaça pelas suas próprias palavras. Em vez disso, a ameaça é inferida pela vítima com base no que o stalker diz e faz, tendo em conta qualquer conhecimento especial que a vítima tem deste último, como um prévio histórico de violência. As ameaças também devem cumprir o padrão de "pessoa razoável" para excluir reacções hipersensíveis ao alcance da lei. Ou seja, é requisito haver uma percepção de ameaça provável e constante.

Uma ameaça vazia não satisfaz o elemento de ameaça que deve ser tido no crime de Stalking, uma vez que não se trata de uma ameaça credível. O ameaçador deve possuir a aparente capacidade para levar a cabo a ameaça,

---

[45] A intenção integra um elemento subjectivo específico de determinados tipos legais, comummente relacionado com o dolo, mas não coincidente com o mesmo, sobre o qual mais adiante nos debruçaremos na problemática do tipo subjectivo de ilícito.
[46] Australia - Supreme Court; 89 A Crim R 297.

e esta deve causar medo razoável na pessoa ameaçada. Na sua essência, isto significa que a vítima deve acreditar realmente que o agressor tem a capacidade de levar a cabo as ameaças que profere.

A maioria da legislação que contem a "ameaça credível" inclui a exigência da "aparente capacidade". No nosso entender, deve considerar-se uma *"ameaça credível"* a que é apta a criar a sensação de que uma pessoa deva temer pela sua segurança ou pela da sua família[47]. Desta feita, não deve ser exigido o requisito de ameaça, unicamente, explícita pois podem limitar-se os casos em que nos encontramos perante uma ameaça dissimulada.

3) MEDO[48]

As ameaças cometidas e o medo da vítima em resposta a essas ameaças são fáceis de relacionar quando a ameaça é explícita. Mas, a maioria dos casos de perseguição não envolve ameaças explícitas. Em casos em que a ameaça está implícita nas acções do stalker, a ameaça e o medo podem ser difíceis de associar. A prova de um destes, muitas vezes, significa a prova do outro, tendo em consideração o padrão de pessoa razoável. Nesses casos, é o contexto em que o comportamento intrusivo ocorre que fornece a ligação entre esse comportamento e o medo da vítima. Por exemplo, o envio de flores como um presente pode ser um comportamento típico do Stalking, dependendo das acções que lhe precederam. Em alguns casos, a ameaça contra a vítima pode ser óbvia, mesmo quando implícita. O requisito do medo real significa que, a menos que a vítima esteja consciente de que está a ser seguida, o comportamento de perseguição simples não constitui Stalking.

Qual o padrão de medo que a legislação deve integrar/considerar/prever e qual a sua dimensão? Para a consumação do crime deve, de facto, demonstrar-se o efeito que o comportamento do agressor teve na vítima.

---

[47] Note-se, ainda assim, que muitas legislações não admitem que este elemento corresponda a ameaças a membros da família, considerando, nesses casos, que não está satisfeito o critério de ameaça credível. Contudo, parece-nos sensato que a ameaça, mesmo que a terceiros diferentes da pessoa da vítima, seja uma conduta facilmente enquadrável nos comportamentos característicos do Stalking e susceptíveis de provocar medo na vítima, provocando os mesmo danos que a ameaça para a própria ou até mesmo danos mais gravosos. Destarte, parece-nos sensato incluir as ameaças passíveis de fazer temer a um individuo pela segurança de outrem.
[48] "Fear is the common currency of the stalker. Conduct that creates fear in others is what stalking laws essentially seek to eliminate."; D. Beatty, 2003,pp. 1-55.

Este pode ser de três tipos: obtenção de um contínuo e sério estado de ansiedade e medo; originador de um fundado temor pela segurança de si mesmo ou de um parente próximo ou de uma pessoa ligada emocionalmente à vítima; e, por último, uma deterioração dos seus hábitos de vida. O Stalking pune aqueles que ameaçam ou assediam outrem com condutas intrusivas e repetidas, sendo a repetição um pré-requisito. O que caracteriza o ilícito em questão em relação a outras ameaças é a produção de um estado sério e contínuo de ansiedade, medo ou receio fundado pela segurança de si mesmo ou de uma outra pessoa, parente ou relacionado com o mesmo emocionalmente, ou uma alteração, não intencional, dos seus hábitos de vida. Para podermos falar de crime de Stalking é necessário que o agente tenha a vontade e a consciência de instituir (voluntariamente implementar) cada acto individual e conduta consequente do conjunto de comportamentos.

Deve ainda avaliar-se se este elemento poderá ser 'calculado' através da produção de medo com base num padrão subjectivo, mas no caso concreto, isto é, tendo em conta a vítima específica, ou se deve ser ajustado de acordo com o efeito que teria como um padrão objectivo, avaliado abstractamente, ou seja, o homem médio colocado na situação da vítima ou um cidadão razoável.

O Código Modelo de Stalking[49] considera dois factores essenciais na determinação do elemento de medo. Por um lado, o impacto na vítima; por outro, a importância do contexto relativamente à conduta persecutória.

Relativamente ao *impacto que as acções do agressor causam na vítima*, este modelo segue a orientação que prevê a avaliação do medo numa "pessoa razoável", ou seja, as condutas praticadas pelo agressor são susceptíveis de provocar medo a uma "pessoa razoável" nas circunstâncias da vítima. Assim, "(...) o foco não é sobre a vítima particular nem sobre o sofrimento emocional particular (...): é a intenção e como o seu comportamento afectaria uma pessoa "razoável". Neste grupo de estatutos, a conduta do agente não se avalia, concretamente, na experiência de medo elevado ou substancial, da emoção ou da angústia provocadas na vítima, relevando essencialmente os efeitos que produziria numa análise abstracta do caso. Nesses estados, os estatutos de Stalking não submetem a vítima a um escrutínio

---

[49] Cfr. The Model Stalking Code Revisited; Responding to the New Realities of Stalking, January 2007, The National Center for Victims of Crime.

minucioso, nem exigem que a acusação demonstre o sofrimento grave em que o agressor conseguiu colocar a vítima. (...)"[50].

O conceito de "pessoa razoável" é utilizado para aferir da razoabilidade do comportamento do sujeito em diversas áreas do Direito, incluindo a responsabilidade civil e criminal. Trata-se de um conceito abstracto e ideal, uma "régua imaginária" que será comparada com o percurso traçado pelo homem concreto nas circunstâncias envolventes. A "pessoa razoável" tem sido descrita como uma pessoa de prudência média, uma pessoa de senso comum que actua com o grau de cuidado normal. O modelo de pessoa razoável, embora ideal, varia consoante os casos. Este padrão foi criado para fornecer ao julgador critérios de orientação para determinar se o prejuízo causado involuntariamente por um determinado comportamento foi inaceitável, irrazoável, negligente. O critério de "pessoa razoável" tem atraído algumas críticas na medida em que pressupõe a noção de comportamento "normal" ou "razoável". Ora, definir o que é a "normalidade" ou a "razoabilidade" não se afigura tarefa fácil, que possa ser concluída por recurso a formulações abstractas.

A título de exemplo, o Supremo Tribunal de New Jersey considerou que "o padrão de razoabilidade se refere a pessoas na posição da vítima e com o conhecimento que a mesma possui sobre o agressor. Os Tribunais devem considerar as circunstâncias individuais da vítima para determinar se uma pessoa razoável colocada na situação teria acreditado na ameaça do agressor."[51].

4) VIOLÊNCIA

No que respeita à violência, entende-se que esta não integra um elemento do crime[52].

---

[50] Cfr. The Model Stalking Code Revisited; Responding to the New Realities of Stalking, January 2007, The National Center for Victims of Crime.
[51] Cfr. caso CESARE v. CESARE, 713 A.2d 390.
[52] "Stalking, *per si*, não inclui qualquer comportamento violento, se entendermos a violência como um acto intencional do agressor contra outra pessoa sendo o resultado uma ofensa física.(...) A violência não tem de ser um aspecto do comportamento do Stalking, e não é um elemento do crime de Stalking na maioria das jurisdições. (...) Portanto, temos duas variáveis independentes – Stalking e violência – que podem ser empiricamente medidas para determinar se existe, de facto, uma relação entre ambas.", cfr. J. Meloy, 2002, p.105.

V. O TIPO OBJECTIVO DE ILÍCITO[53]

1) AUTOR

Sendo o tipo objectivo de ilícito formado pelos elementos do tipo dotados de materialidade e autonomia relativamente ao crime, o agente do facto é sempre um elemento objectivo. O autor é, em princípio, uma pessoa individual[54]. No Stalking, em concreto, parece-nos que o autor será uma pessoa individual, tendo em conta a natureza das condutas e as características que este ilícito apresenta.

Acresce referir que, não havendo nenhuma exigência ou estatuto específico exigido ao agente na prática deste ilícito, encontramo-nos perante um **crime comum**, pois pode ser praticado por qualquer pessoa[55].

As razões do autor para a prática do Stalking não são facilmente discerníveis. No entender de MELOY[56] "A psicopatologia da perseguição

---

[53] "Em qualquer tipo de ilícito objectivo é possível identificar os seguintes conjuntos de elementos: os que dizem respeito ao autor; os relativos à conduta; e os relativos ao bem jurídico. Com efeito, todos os tipos incriminadores devem, na sua revelação objectiva, precisar quem pode ser autor do respectivo crime; qual a conduta em que este se consubstancia; e, na medida possível, dar indicação, explícita ou implícita, mas sempre clara, do(s) bem(ns) jurídico(s) tutelado(s).", in Figueiredo Dias, 2007, p. 295.

[54] Art. 11.º do nosso C.P. que, no seu n.º 1, estatui "Salvo o disposto no número seguinte e nos casos especialmente previstos na lei, só as pessoas singulares são susceptíveis de responsabilidade criminal.".

[55] Em concordância com o previsto no §238 "Nachstellung", StBG (Código Penal Alemão) e no art. 612-bis "atti persecutori" do 'Codice Penale' Italiano.

[56] Cfr. J. Reid Meloy; Vol. I, No. 2; 1996; pp. 159,160.

obsessiva parece ser, em parte, uma resposta inadequada às incompetências sociais, isolamento social e solidão. O que diferencia esses indivíduos de outras pessoas, no entanto, parece ser a sua agressão e o seu narcisismo patológico. O agir fora de sua obsessão na perseguição, e de uma eventual violência em alguns casos, é provavelmente devido a uma perturbação na sua economia narcísica. Um evento real, como rejeição aguda ou crónica, desafia a fantasia narcisista compensatória, levando o seguidor obsessivo a julgar-se especial, amado, idealizado, admirado, superior a, de alguma forma vinculada, ou destinado a ser o objecto da procura. A perturbação desta fantasia narcisista, imbuída de um sentimento de grandiosidade e orgulho, desencadeia sentimentos de vergonha ou humilhação que são defendidos contra a própria raiva. Essa raiva intensa também afasta qualquer sentimento de tristeza, porque a capacidade de lamentar a perda de uma real e significativa pessoa não é hipótese para o seguidor obsessivo. (...) A dinâmica interpessoal mais evidente nos casos de perseguição obsessiva é um princípio adquirido a partir da psicologia comportamental. Qualquer contacto real entre a vítima e o agressor é susceptível de aumentar a frequência de abordagens subsequentes. Tal contacto é um reforço positivo intermitente, e as tentativas não devem seguir o caminho da razão quando está em causa um indivíduo tão desarrazoado.".

Geralmente, há três critérios para dividir a tipologia dos agentes de Stalking: quanto à desordem mental, quanto à relação com a vítima e quanto à motivação.

Ainda relativamente ao autor, debate-se a questão da prática de actos por intermédio de terceiros, e não directamente praticados pelo stalker. Neste caso, estamos perante situações de **autoria**, prevista no **art. 26.º do CP** ou de **cumplicidade**, prevista no **art. 27.º do CP**[57].

---

[57] Note-se que estas duas figuras diferem uma da outra pois, como explanado no Ac. do TRE de 11-03-2014 "I. A essência da co-autoria consiste em que cada comparticipante quer causar o resultado como próprio, mas com base numa decisão conjunta e com forças conjugadas. II. A cumplicidade diferencia-se da co-autoria pela ausência do domínio do facto; o cúmplice limita-se a facilitar o facto principal, através do auxílio físico (material) ou psíquico (moral), situando-se esta prestação de auxílio em toda a contribuição que tenha possibilitado o facto principal ou fortalecido a lesão do bem jurídico cometida pelo autor. A cumplicidade traduz-se num mero auxílio, não sendo determinante da vontade dos autores nem participa na execução do crime, mas é sempre auxílio á prática do crime e nessa medida contribui para a prática do crime, é uma concausa da prática do crime.".

No que à autoria respeita, importa salientar, a este propósito, o entendimento da nossa jurisprudência, nomeadamente, julga o TRC[58] "Nas hipóteses de instigação [cfr. art.º 26º, do CP], do que se trata é da corrupção de um ser humano livre com vista à produção de um resultado jurídico-penalmente proscrito: o instigador consegue transferir, com sucesso, as suas intenções delitivas para o autor do facto, que actua, porém, livremente, nunca deixando de ter, consequentemente, o domínio deste. A instigação só pode afirmar-se se se verificarem vários requisitos, de natureza objectiva e subjectiva. Assim, de um ponto de vista objectivo, a conduta do instigador deve determinar ou causar a formação da resolução criminosa no autor e a ulterior realização, por este, do facto. Isso implica que a actividade do instigador deverá ser de molde a levar o autor a adoptar a decisão de cometer o crime e a (pelo menos) dar início à sua respectiva execução, resultados que por essa razão aparecem como (e podem com legitimidade dizer-se) consequência da actuação do instigador. Do ponto de vista subjectivo, a instigação há-de ser (duplamente) dolosa, no sentido de que o instigador tem de ser consciente da circunstância de que está a motivar outra pessoa a adoptar uma resolução criminosa e a realizar o correspondente facto, e pretender esta mesma comissão.".

Já no respeitante à cumplicidade, julga o STJ "IV. Já a cumplicidade pressupõe a existência de um facto praticado dolosamente por outro, estando subordinada ao princípio da acessoriedade. O cúmplice não toma parte no domínio funcional dos actos constitutivos do crime, isto é, tem conhecimento de que favorece a prática de um crime, mas não toma parte nela, limitando-se a facilitar o facto principal."[59].

No que concretamente ao Stalking concerne, parece-nos mais plausível que a figura em causa possa ser a cumplicidade. Contudo, trata-se de uma questão passível de ser analisada em cada caso concreto.

2) CONDUTA

O Stalking[60] integra um conjunto de condutas, tendencialmente obsessivas, intrusivas e persistentes, prolongadas indeterminadamente no tempo,

---

[58] Ac. do TRC de 23-05-2012.
[59] Cfr. Ac. do STJ datado de 05-06-2012.
[60] "Stalking refers to a constellation of behaviors involving repeated and persistent attempts to impose on another person unwanted communication and/or contact.", cfr. Mullen PE,

que podem ser compreendidas como actos persecutórios não desejados e perturbadores da vítima[61]. O fenómeno do Stalking tem sido reconhecido em diversos campos da ciência, seja ela jurídica, social ou médica; constituindo um fenómeno que tem adquirido visibilidade nos tempos modernos. Em alguns países, foi possível chegar a um consenso que originou a respectiva tipificação legal e descrição das condutas.

O legislador português não encarou na revisão de 2007 este fenómeno em toda a sua amplitude, pois apenas é possível punir condutas de Stalking quando os comportamentos individuais, elementos dessa conduta, são contemplados nos crimes previstos nos arts. 143.º, 152.º, 153.º, 154.º, 190.º, 192.º e 199.º do Código Penal, deixando de fora condutas que constituem verdadeiros atentados aos direitos dos cidadãos, atribuindo especial relevância ao Stalking quando está em causa o crime de violência doméstica.

Mostra-se essencial determinar quais as dinâmicas próprias do Stalking, os comportamentos que lhe são inerentes, os tipos de agentes que perpetram o crime, bem como as condições psicológicas características das vítimas e o impacto das condutas ilícitas subjacentes a estas. A complexidade na determinação destes atributos prende-se com o facto de o Stalking ser, muitas vezes, um crime indescritível. Frequentemente, o stalker começa, pára, começa de novo, e termina, pelo menos, temporariamente. Da mesma forma, os locais onde ocorre a perseguição variam, em casa, no emprego, no centro comercial ou a simples passagem com um carro na rua em que a vítima se encontra. Enquanto, na maioria dos casos, a identidade do assediador pode ser conhecida, há casos em que esta determinação se torna mais difícil (especialmente no caso de cyberstalking, como mais à frente abordaremos). Acresce, ainda, que os métodos utilizados pelo agente podem mudar constantemente. Finalmente, as reacções das vítimas também podem oscilar ao longo do tempo, variando entre sentimentos de desconhecimento ou estupefacção, de terror, de desistência, e até mesmo de agressão. Todas essas particularidades do Stalking torná-lo-ão um crime especialmente difícil para os órgãos da justiça penal. Estas múltiplas mudanças de comportamento salientam a maneira essencial que

---

Pathé M, Purcell R, Stuart GW, 1999, p.1244.

[61] "Padrão de ameaça ou assédio anormal ou de larga duração dirigido especificamente a um indivíduo, que vem a ser concretizado quando ocorre mais de um acto manifesto de perseguição não desejadas pela vítima, que a percebe como assediadora.", J. Reil Meloy, Shayna Gothard, 1995, p. 259.

diferencia o Stalking de outros crimes: fundamentalmente, a sua persistência no futuro[62].

A perseguição persistente e obsessiva a outra pessoa constitui uma violação da sua privacidade, representando uma ameaça à sua segurança e uma violação dos seus direitos, liberdades e garantias enquanto cidadão. O legislador, perante a proliferação deste fenómeno, por certo, não deixará de acautelar estes direitos em futuras revisões.[63]

É fulcral referir que o Stalking é tipificado na legislação ocidental como um padrão de comportamentos dolosos e que induzem terror na vítima, tratando-se de comportamentos facilmente reconhecidos por um terceiro, exterior a essa relação.

Ainda que não haja tipificação do crime em Portugal, e que esta problemática seja examinada em matéria de concurso de crimes independentes, relacionados entre si; esta pode não se mostrar a melhor resposta possível devido à circunstância do agente destas condutas apresentar perturbações psicológicas evidentes[64].

---

[62] No entender da *American Psychiatric Association* "nem psiquiatras nem ninguém têm demonstrado de forma confiável uma capacidade de prever a futura violência e perigosidade."; cfr. McAnaney, K.G.; L.A. Curliss; & C.E. Abeyta-Price; 1993; p. 843.

[63] "Provavelmente a razão que explica a criminalização de tal conduta não deve somente olhar para a produção dos factos mencionados, deve encontrar o seu terreno fértil adequado para provocar o surgimento de um novo crime. Ou seja, a justificação do surgimento do assédio como crime deve ser abordada de uma perspectiva construtivista, explicando a criação de um crime contra um comportamento aberrante mas não novo; é a criação de um problema social e não a sua própria aparência ontológica que será a razão explicativa de tais condutas. Obviamente, o processo de encaminhamento de criação social requer a identificação prévia do problema, sua rotulagem; no entanto, a designação e social conceituralização do fenómeno não são apenas ampliações e distorções do mesmo, provocadas, essencialmente, pelos meios de comunicação social. Em particular, existem opiniões favoráveis a considerar que o afloramento do Stalking como problema tem a ver com ampliações das mesmas produzidas pelos meios de comunicação, que conectam com a produção de pânico moral. De acordo com tal posição, a geração da necessidade da incriminação produzida encontra-se na preocupação social do fenómeno percebido irracionalmente como excepcionalmente perigoso para o bem-estar colectivo sendo que essa percepção tem sido em parte causada pela distorção de informações sobre o particular, induzida por meios de comunicação social."; Carolina Villacampa Estiarte; 2009; p. 6.

[64] " (...) reconhecendo que não pode ficar à espera que se verifiquem resultados lesivos das condições de vida da humanidade (...) para só então fazer intervir o arsenal punitivo: este deverá ser chamado, se quiser ser minimamente eficaz, logo relativamente a qualquer contributo significativo para o potencial de perigo do qual o resultado lesivo irá, num futuro porventura

Vários têm sido os esforços no sentido de tipificar o Stalking como crime[65]. São já diversas as legislações que contemplam esta conduta criminalizada, não obstante o mesmo não suceder no ordenamento jurídico português.

A falta de tipificação criminal não implica, necessariamente, uma ausência de punição. Perpetradores de condutas que são caracterizadas como Stalking têm, no nosso ordenamento jurídico, vindo a ser condenados; condenação esta que resulta de crimes como o de ameaça, injúria, difamação, ofensa à integridade física e perturbação da vida privada, como já *supra* explanamos.

Questiona-se se será efectivamente necessário deixar que estas condutas cheguem a estes contornos, havendo possibilidade de as acautelar e dirimir atempadamente.

Assim, não havendo injúrias nem ameaças, mas somente a criação de medo na vítima, para que esta se veja prejudicada na sua relação consigo mesma e com os outros, a questão prende-se com a não punição das condutas que levam ao *supra* referido. Entre as consequências do Stalking são apontadas perturbações psicológicas e físicas de intensidade diversa, como sejam o stress, depressão, perturbações de ansiedade, perturbações do sono e tentativas de suicídio[66].

É necessário criar organismos que possibilitem a realização de avaliações e tratamentos dos agentes que praticam condutas integrantes do fenómeno do Stalking, uma vez que tais comportamentos são considerados patológicos e de origem em transtornos psiquiátricos.

Contudo, a criação de leis penais é apenas o primeiro passo para usar o sistema de justiça no combate o Stalking. *A posteriori*, as decisões judiciais devem interpretar possíveis ambiguidades nas leis e limitar aquelas que possam colidir com garantias constitucionais.

---

longínquo, derivar, por mais quotidiano e anódino que esse contributo pareça, em si mesmo considerado. (...)", Figueiredo Dias, 2007, p.136.

[65] A Convenção do Conselho da Europa na prevenção e combate na violência contra a mulher e violência doméstica (Convenção de Istambul) foi um importante passo no combate ao Stalking, desde que requereu que os Estados estabelecessem o Stalking como ofensa criminal. Cfr.www.coe.int/t/dghl/standardsetting/convention-violence/thematic_factsheets/Stalking_EN.pdf.

[66] "(...) stalking is a pattern of unwanted fear-inducing intrusive behavior."; cfr. Damon E. & Brian H. Spitzberg, 2003, p.90.

Afigura-se-nos difícil determinar a totalidade de comportamentos que podem consubstanciar a figura em análise, tendo em conta a multiplicidade que esta pode abarcar[67]. No entender de Manuel da Costa Andrade "Numa aproximação fenomenológica, centrada sobre o que se pode considerar o núcleo comum aos diferentes rostos, o Stalking abrange as diferentes manifestações de perseguição persistente e repetida de uma pessoa, imposta contra a vontade da vítima, provocando-lhe estados de ansiedade, stress, perturbação e medo."[68].

A primeira dificuldade prende-se com a circunstância de que muitos dos comportamentos são rotineiros e ditos "normais" da vida em sociedade. Queremos com isto enunciar, por exemplo, o envio de mensagens escritas, e-mails, cartas ou mensagens nas redes sociais; telefonemas; envio de flores ou presentes (etc). Mostra-se assim imperativo delimitar a fronteira entre comportamentos rotineiros tidos como normais e comportamentos que possam indiciar perseguição obsessiva. Pode haver algumas características que indicam a presença de perseguição, nomeadamente, repetidos actos de contacto, abordagem; durante um período indeterminado de tempo, que exceda as regras implícitas de interacção social; sobre uma pessoa específica o que visa, pelo menos em parte, ser percebido pela pessoa alvo; actuando de forma a limitar esta mesma pessoa[69]. Constituem condutas típica do Stalking, nomeadamente[70], chamadas telefónicas indesejadas (89%), amigos e familiares ameaçados (82%), calúnias e mentiras (82), vigilância no trabalho ou em casa (79%), perseguição na rua (75%), visitas não desejadas (74%), ameaça de violência (74%), envio de e-mail

---

[67] "A non-exhaustive list of such conduct (contained in sub-section 21ª(2)) includes: following the victim or another; telephoning or otherwise contacting (includes electronic messages) the victim or another; entering or loitering outside or near a place frequented by the victim or another; interfering with the property in the possession of the victim or another; giving offensive material to the victim or another or leaving it where it would be found by or given to the victim or another; keeping the victim or another under surveillance; acting in a way that could reasonably be expected to arouse apprehension or fear in the victim for their own safety or tat of another."; Cfr. Is stalking legislation effective in protecting victims?, Dr Inez Dussuyer, Department of Justice, Vic, Section1, 1.2.

[68] Manuel da Costa Andrade, Comentário Conimbricense do Código Penal, comentário ao artigo 190.º do CP, p. 1007.

[69] A este respeito Jens Hoffmann, 2006.

[70] Dr.ª Carla Alexandra dos Santos Paiva, psicóloga clínica e investigadora da Universidade do Minho.

indesejado (70%), informações falsas (65%), danos na propriedade (64%) e violência (55%). Não se conseguindo enumerar taxativamente todas as condutas integrantes do Stalking, devido à diversidade de intromissões que podem constituir uma intenção persecutória, podemos, pelo menos, agrupar as condutas em cinco categorias, baseando-nos num estudo do Conselho da Europa[71]. A primeira consiste na **comunicação** com a vítima das mais variadas formas (telefone, carta ou por meios electrónicos); outra refere-se à **intrusão física na vida da pessoa** através de vigilância, pessoal ou com recurso a meios electrónicos, abordagem directa, invasão da propriedade, etc. Outra categoria compreende a **representação**, isto é, actos praticados pelo agente em nome da vítima, tais como encomenda de bens, envio de cartas ou cancelamento de serviços. O **uso de *proxies*** também é frequente, ou seja, o recrutamento de outra pessoa para perseguir a vítima. Por último, apresentam-se as **campanhas de difamação**, disseminando acusações ou "fofocas" e "boatos" infundados de carácter ofensivo e embaraçoso.

O Stalking envolve muito mais do que o comportamento persecutório, embora isso normalmente seja um elemento deste tipo de crime. As motivações para a sua prática, incluindo causas obsessivas, não são de todo relevantes para a definição deste crime. Em vez disso, a maioria das legislações define Stalking como envolvendo os três elementos. Vejamos, em primeiro lugar, um padrão de assédio intencional ou condutas alarmantes, como repetidas mensagens, ser seguido, vandalismo e outros comportamentos indesejados; em segundo, a inflicção de ameaças explícitas ou implícitas credíveis contra a segurança da vítima ou sua família e, por último, medo razoável e actual da vítima resultante das condutas perpetradas pelo stalker.

Assim, concluímos que não há nenhum caso de perseguição típica, uma vez que os comportamentos suspeitos variam amplamente. A única constante é que vários actos formam um padrão de comportamentos que, juntos, constituem perseguição.

Numa tentativa de delinear e diferenciar os comportamentos nublados do Stalking, uma série de termos tem sido utilizada para o descrever, bem

---

[71] Cfr. Gisela Wurm; 2013; p.3.

como os fenómenos com ele relacionados, nomeadamente: intrusão de relação obsessiva[72], perseguição obsessiva[73], assédio obsessivo, comportamentos indesejados de perseguição, pré-perseguição, e perseguição criminal.

Uma outra dificuldade está patente na utilização errónea do termo **"obsessivo"**[74]. Ainda assim, alguns autores consideram que "When these behaviors are expressly intended to initiate, revive, repair, or escalate a relationship with the object of pursuit, it is a form of **obsessive** relational intrusion." (negrito nosso)[75]. Assim, Meloy&Gothard[76] referem-se ao Stalking como *"obsessional following"* de modo que estes conceitos sejam permutáveis do Stalking, com a implicação de que, embora tais condutas sugiram a necessidade de tratamento, existe essa necessidade evidente, independentemente de qualquer intrusão efectiva na pessoa da vítima. É claro que o grau de necessidade de tratamento se correlaciona com o grau de consciência da vítima e que o sistema de saúde mental é incapaz de saber da existência do Stalking se não houver uma queixa por parte da vítima (stalkers que são obcecados com outra pessoa não são susceptíveis de se propor a si mesmos para tratamento). Mas a consciência da vítima eleva necessariamente a conduta obsessiva ao nível de acto criminoso. As intromissões indesejadas simples podem, ou não, constituir assédio, dependendo da legislação aplicável (e na maioria dos países tais intrusões não constituem perseguição criminal). É também verdade que nem todo o Stalking pode ser considerado um comportamento obsessivo, daí a utilização pouco fiável do termo obsessivo quando se debate o Stalking.

Para entender como as vítimas reagem ao Stalking, é necessário alcançar a variedade, persistência e repetição de comportamentos integrantes. Compreender esses factores também permite inferências sobre as respos-

---

[72] Ou seja, "repetidas e indesejadas condutas e invasões da privacidade de outrem no sentido físico ou simbólico por outra pessoa, conhecida ou desconhecida, que deseja e/ou supõe uma relação íntima", cfr. van der Aa, Suzanne; Römkens, G.M.F; 2013.
[73] Definida como "um modelo anormal ou de longo prazo de ameaça ou aborrecimento dirigido a um individuo específico", cfr. J. Reid Meloy & Shayna Gothard.
[74] De acordo com Carlos Flores, p.30, "remarque-se que o sujeito activo não vê a obsessão pelo objecto como algo prejudicial, e tal quadro acabaria por gerar um paradoxo: tomando a obsessão como causa do stalking; ter-se-ia que todo o stalker é obsessivo, pois somente essa categoria poderia praticá-lo.".
[75] Cfr. Damon E. & Brian H. Spitzberg; 2003; p.90.
[76] Cfr. J. Reid Meloy & Shayna Gothard, 1995.

tas a ser desempenhadas para as vítimas, com base no modelo da "pessoa razoável" (usado em muitas diversas legislações anti-stalking). As ilustrações que foram sendo apresentadas exemplificam mas não delimitam a diversidade de comportamentos a que uma vítima pode ser exposta.

A este respeito, evidenciaremos alguns exemplos de decisões judiciais que condenaram no sentido do Stalking. Note-se que estes casos variam devido à natureza de um relacionamento anterior, capaz de afectar os comportamentos específicos envolvidos na prática do crime, de acordo com o tipo de relação anterior entre o assediador e vítima[77]. Assim, as condutas perpetradas pelo agente são diferentes no caso de inexistência de qualquer relacionamento anterior, **PEOPLE v. NUKUJIMA**[78]; no caso de uma relação de namoro **PEOPLE v. ALLEN**[79]; diferenciando-se ainda dos casos de

---

[77] Neal Miller; October 2001; p.20 ss..

[78] A vítima trabalhava como caixa numa loja onde atendeu o agressor; num dia, quando ela devolvia o seu cartão de crédito, ele agarrou a mão dela. Em várias ocasiões depois disso ele seguiu-a por toda a loja; até que um dia a seguiu durante a sua viagem para casa, repetindo esta conduta no dia seguinte. Nesta segunda noite, a vítima viu o carro do stalker no estacionamento enquanto ela deixava o seu trabalho para ir para casa. A polícia foi chamada e os oficiais advertiram o stalker de que as suas acções constituiriam um crime se ele continuasse. Um mês depois, a vítima vislumbrou o 'agressor' a mandar parar o carro dos pais para falar com o seu pai. Um segundo aviso sobre foi feito pelo Gabinete do Procurador do Estado, ao qual veio a respondeu por carta declarando que deixaria sua conduta imediatamente. Contudo, passados uns dias, a vítima viu-o a cruzar o estacionamento do local onde trabalhava, estacionamento o carro perto do da vítima. O stalker acabou por ser condenado pelo crime de Stalking.

[79] Agressor e vítima mantiveram um relacionamento de dois ou três anos de namoro que havia terminado. Em 12 de Janeiro de 1992 o primeiro ameaçou a vítima com duas chaves de fendas, enquanto ela se dirigia a casa de um amigo. Em 8 de março, o stalker entrou no apartamento da vítima enquanto ela estava a tomar banho e bateu-lhe, criando um corte na sobrancelha, tendo, de seguida, fugido. Mais tarde, na mesma noite, a vítima viu-o do lado de fora da casa da sua mãe. Ele declarou em voz alta que ele tinha arrancado as roupas da vítima e vandalizado o seu apartamento e ameaçou atirar um cocktail Molotov para ela casa da mãe. Quando vítima retornou para seu apartamento naquela noite, ele havia sido vandalizado, apresentando buracos na parede, pia e torneiras tinham sido arrancadas, a porta de correr para o quarto estava partida, bem como os seus móveis e armários e todas as suas roupas tinham desaparecido. Em 24 de julho, a vítima encontrava-se a descansar em casa de um amigo, quando o agente apareceu e a espancou; o seu rosto estava inchado e seu olho estava saliente. Em 25 de outubro, a mãe da vítima viu-o fora de sua casa a andar de bicicleta. Ele veio e foi quatro vezes, seguindo-se ameaças de morte à vítima e sua mãe, apontando um revólver para a mãe. O stalker acabou por ser preso por Stalking e ameaças terroristas.

existência de um casamento anterior, **STATE v. COLBRY**[80] e de ser apenas uma relação de "conhecidos", **STATE v. JACKSON**[81].

Depreende-se que o Stalking corresponde a um padrão de comportamentos rotineiros (na maioria das vezes não maculados pelo véu da ilegalidade). Desta feita, deparamo-nos com duas questões que, à priori, terão de ser resolvidas: **qual o número de episódios capazes de identificar esse padrão?**[82] E **Qual o factor volitivo do agente?**[83].

A este respeito "um padrão de conduta dirigido a uma pessoa específica que inclui proximidade física ou visual com relação à vítima, comunicação

---

[80] Neste caso, o agressor tinha abusado da vítima (sua esposa) antes de eles se terem separado, em Agosto de 1993. Em setembro, telefonou à vítima três ou mais vezes por dia, tanto para casa como para o trabalho. Ele ameaçou lutar pela custódia do seu filho e ameaçou um homem com quem ele suspeitava que ela estava a ter um caso. Por volta do final de setembro agrediu a vítima, mas a polícia não apresentou acusações. Em 10 de outubro voltou a agredir a vítima. Em resposta, ela obteve uma ordem de protecção. Quando ela saiu do tribunal foi seguida pelo agressor, num carro a alta velocidade; tendo continuado as ameaças e as perseguições nos meses subsequentes, tendo mesmo entrado na habitação da vítima, violando a ordem de protecção, conduta pelo qual foi condenado. Ainda assim, manteve o comportamento ilícito, acabando por ser acusado por Stalking e, consequentemente, preso.

[81] No caso a vítima era um médico, homem, que tratava uma doente. Depois de um tempo, a doente começou a tratar a vítima pelo seu nome próprio, ao invés de Doutor; deixou uma rosa no carro da mulher do médico (que ele conduzia), começando a enviar rosas para o hospital onde o médico trabalhava. Simultaneamente a vítima começou a receber telefonemas estranhos no seu escritório, inclusive trechos de música como "Eu vou estar-te a observar" e "nós estaremos juntos para sempre ou outra coisa". Embora o médico tenha terminado a relação médico-paciente, a frequência das chamadas aumentou, passando mesmo a dirigir-se à mulher do médico. Esta última começou a receber cartas anónimas insinuando adultério por parte do seu marido, sendo cartas enviadas também para a vítima e, inclusive, para o presidente do hospital. A paciente começou a adoptar condutas de intimidação no estacionamento do hospital, tentando mesmo bloquear a saída do carro da vitima. A agressora foi acusada do crime de Stalking.

[82] O número de episódios exigidos para um "curso de conduta" na maioria das legislações é de dois ou três. Os tribunais têm declarado que dois ou três incidentes podem ser um padrão ou uma série, uma vez que são aptos para ajudar os órgãos de polícia criminal a fazer uma correlação entre os mesmos, o que têm em comum e os meios empregados pelo agente. Assim, duas ou três condutas parecem suficientes para estabelecer o núcleo do crime de Stalking, quer pelo medo gerado, quer pelo repetido número de comportamentos que estabelecem uma ameaça credível; cfr. McAnaney, K.G.; L.A. Curliss; & C.E; Abeyta-Price; 1993; p.908.

[83] "Padrão de ameaça ou assédio anormal ou de larga duração dirigido especificamente a um indivíduo, que vem a ser concretizado quando ocorre mais de um acto manifesto de perseguição não desejada pela vítima, que a percebe como assediadora.", J. Reid Meloy & Shayna Gothard; n.º 152; p.259.

não consentida, ou ameaça verbal escrita ou implícita, ou uma combinação delas, que é susceptível de provocar medo numa pessoa razoável, em que se entende por repetição duas ou mais ocasiões."[84].

O Stalking deve ser definido como "(...) **o curso de condutas dirigido a uma pessoa específica susceptível de causar a uma pessoa razoável a sensação de medo.**"[85], com o objectivo de ser uma definição geral e pouco limitativa deste crime, na tentativa de acautelar a inclusão posterior de condutas ilícitas que possam vir a integrar este tipo de crime.

Com "curso de condutas"[86] entendemos o modelo de comportamentos composto por dois ou mais actos durante um determinado período de tempo que possam evidenciar a continuidade da prática criminosa.

Para complicar ainda mais a questão, não há nenhuma motivação específica ou razão que faça despoletar o Stalking. É necessário ter em conta que pode haver uma variedade de motivos, características psicológicas e emoções aqui em causa.

No ordenamento jurídico italiano não são identificados nem o prazo em que tal conduta deve ser posta em prática (não determinado pelo legislador, alegando-se que não é atribuível um prazo fixo ou determinável); não determinando também o número mínimo de episódios necessários para identificar a recorrência de condutas, o que será considerado numericamente suficiente apenas no caso em que estas produzam o efeito sobre a vítima[87].

De acordo com os estudos realizados em *"Study of Stalkers"*[88] a duração do Stalking pode variar entre 4 semanas e 20 anos. Determinou-se que o método de comunicação mais comum seria por telefone (cerca de 78% das vitimas), muitas vezes envolvendo vários telefonemas [apresentando o mais alto mais de 200 telefonemas em 24 horas]. Alguns agentes reve-

---

[84] Cfr. Patricia Tjaden, Thoennes Nancy; 1998; p.2.
[85] Definição recomendada pelo Stalking Resource Center, em "Model Campus Stalking Policy", p.9.
[86] "'*Course of conduct*' refere-se ao comportamento que ocorre num determinado período de tempo (isto é, uma sucessão de actos)", cfr. Mary P. Brewster, p.1; entendendo a Associação Nacional de Justiça Criminal como "manter repetidamente (em duas ou mais ocasiões) uma proximidade visual ou física a uma pessoa ou repetidamente transmitir ameaças verbais ou escritas implícitas por uma conduta ou uma combinação de condutas dirgida a uma pessoa.".
[87] E este respeito Tommaso Guerini, Giusi Sapienza e Luciana Serra; 2010.
[88] Paul E. Mullen, Michele Pathé, Rosemary Purcell and Geoffrey W. Stuart; 1999; p.1245.

O TIPO OBJECTIVO DE ILÍCITO

laram ter um vasto conhecimento respeitante à vida das vítimas, às suas rotinas, rastreando o telefone, no trabalho, em casa de amigos e mesmo cafés e bares. O envio de cartas escritas revelou-se em 65% das vítimas, a aproximação do agressor à vítima em locais públicos deu-se em 86% dos casos e através de vigilância e perseguição persistente em 73%.

A esta problemática acresce a diversidade de níveis de lesão das condutas e a sua duração no tempo.[89] Note-se que a duração do Stalking afecta a experiência da vítima uma vez que é um crime cometido com um curso de condutas, não sendo uma prática autónoma e isolada. Podemos concluir, assim, que quanto mais tempo durar a prática dos factos, mais afectações terá a vítima e maiores serão os danos nela provocados[90]. No nosso entender, é ainda expectável que, à medida que o tempo vai passando, as condutas vão sendo mais violentas, o agressor fica mais impaciente e ansioso para com o seu objectivo final. Por tudo isto, justifica-se a criação de um tipo legal autónomo de protecção às potenciais vítimas destes crimes, na tentativa de prevenir que as condutas perpetradas atinjam o maior nível de lesão[91]. Neste seguimento, Pathé&Mullen consideram que "é típico do comportamento de um stalker ficar cada vez mais ameaçador, intensificando-se de inicialmente aborrecido a perigoso, violento e potencialmente

---

[89] "Mais grave e premente se torna quando concluímos que estes comportamentos, quando protelados por um determinado lapso de tempo – um tempo que é variável-, se revestem de uma dinâmica de escalada num jogo que vai subindo de nível, começando por ténues e pequenos comportamentos, passando a prática gradualmente e mais intrusivas.", Diana Pinhal; 2014; p.14.

[90] A ansiedade e stress causados por situações prolongadas demostram que estes sintomas possam ocorrer mesmo na ausência de perseguição violência. Enquanto a possibilidade real de agressão dominar as preocupações da vítima, em qualquer situação perseguição, vai aumentando o dano psicológico e social. A este respeito, ver "A Study of Predictors of Persistence in Stalking Situations; Troy E. Mc.Ewan, Paul E. Mullen & Rachel MacKenzie; 2009.

[91] "Há também evidências de que a duração do Stalking, por si só, está associada a sintomas de stress pós-traumático em algumas das vítimas, sugerindo que perseguição prolongada pode precipitar mudanças cognitivas nas vítimas, tais como avaliações mais temerosos de intenções dos outros, e uma visão alterada das suas próprias capacidades pessoais e níveis de controlo. Em situações de Stalking prolongado as vítimas também podem encontrar dificuldades para obter assistência contínua e compreensão dos seus suportes sociais habituais, o que pode levar a mudanças nas redes de apoio e do fracasso das estratégias"; cfr. "A Study of Predictors of Persistence in Stalking Situations", p.150; e, ainda, "Individual differences in post-traumatic stress following post-intimate stalking: Stalking severity and psychosocial variables" e "Stalker and their victims".

fatal."[92]. Consideram ainda os mesmos autores que estes comportamentos são prejudiciais para a saúde da vítima, levando a um nível mais elevado de ansiedade (83%) e de distúrbios crónicos no sono (74%).

Uma lista clara e específica com as condutas bem definidas e determinadas mostra-se essencial para uma efectiva aplicação da lei e, ainda, para a criação de segurança na comunidade. Contudo, deve tratar-se de uma lista "aberta", passível de adoptar novas condutas que se entendam ofensivas ao bem jurídico que se pretende tutelar[93]. O *Stalking Resource Center*[94] recomenda uma lista de comportamentos integrantes do Stalking que passaremos a enumerar, por entendermos relevantes. Assim, 1) comunicação não consensual incluindo pessoalmente, chamadas telefónicas, mensagens de voz, mensagens de texto, e-mails, contacto através de redes sociais, cartas, presentes, ou outra forma de comunicação que seja indesejada e provoque medo na outra pessoa; 2) perseguições, esperas ou aparições sem convite em locais frequentados pelas vítimas; 3) vigilância e outros tipos de observação, tanto fisicamente como através de meios electrónicos; 4) transgressão; 5) vandalismo; 6) toque não consensual; 7) Ameaças directas, físicas ou verbais, contra a vítima ou pessoas próximas desta; 8) detenção de informações acerca da vítima, sua família e amigos; 9) manipulação e controlo de comportamentos como ameaças de prejudicar as vítimas e suas pessoas próximas; 10) difamação.

Finalmente, Spitzberg e Cupach desenvolveram uma tipologia de comportamentos típicos do Stalking, classificando-o com comportamentos de onde se destacam determinadas características: super-intimidade (gestos românticos, agressivos ou inadequados); perseguição e proximidade (aumento de contacto, incluindo detenção de informação por meios como a vigilância); invasão (vigilância intensificada); intimidação (coerção em resposta à rejeição) e violência (último recurso ou raiva como resposta à rejeição). Estes autores também desenvolveram uma tipologia usando as

---

[92] Cfr. Paul E. Mullen&Michele Pathé; "The impact of Stalkers on their victims".
[93] Neste sentido "(...) é importante que os comportamentos enumerados se inscrevam bastante largamente para incluir todos os vários comportamentos nos quais um ofensor poderia ser tomando parte e os caminhos criativos dos quais podem tentar contactar com as suas vítimas.", cfr. Model Campus Stalking Victims, p.10.
[94] Model Campus Stalking Victims, p.10.

dimensões de amor/ódio e comportamentos controladores/impulsivos[95]. Note-se que a conduta do agente tem de ser apta a gerar um desequilíbrio de carácter emocional ou de humilhação na vítima.

Tratando-se de uma figura violadora da esfera privada das pessoas-alvo, encontramo-nos perante uma obrigação legislativa no sentido de dirimir estes actos.

No que respeita à classificação segundo o critério do resultado material[96], o ordenamento Alemão entende tratar-se de um crime de resultado (STGB Alemão) na medida em que a perfeição da conduta típica requer a produção de um grave dano no desenvolvimento vital da vítima. No tocante a esse ponto, severas são as críticas de JÖRG KINZIG e SEBASTIAN ZANDER ao afirmarem que tal descrição do resultado é demasiado instável e de difícil determinação; além da inexistência de um critério objectivo de verificação, cada vítima pode-se mostrar mais ou menos sensível, o que demonstra a insuficiência da previsão do tipo legal, ao passo que vincula a dilapidação do crime a aspectos subjectivos do sujeito passivo.

Apesar disso, compartilhamos o entendimento do ordenamento Alemão, na medida em que consideramos o Stalking um **crime de resultado**. Assim, admitimos que existe um nexo causal entre as condutas do agente e os danos provocadas na vítima, existindo uma relação que permite, no âmbito objectivo, a imputação do resultado produzido ao autor das condutas[97].

Para além deste, a classificação segundo o critério do processo causal, encontramo-nos perante um **crime de execução livre** (por oposição a crime de execução vinculada), uma vez que existe uma multiplicidade de condutas susceptíveis de provocar um dano ao bem jurídico que se pre-

---

[95] Cfr. Brian H. Spitzberg & William R. Cupach; 2002.
[96] Neste sentido importa distinguir entre crimes de resultado e crimes de mera acção. De acordo com Figueiredo Dias, 2007, p. 306, "Nos crimes de resultado sob a forma de comissão por acção o tipo pressupõe a produção de um evento como consequência da actividade do agente. Nestes tipos de crime só se dá a consumação quando se verifica uma alteração externa espácio-temporalmente distinta da conduta (...) Se, pelo contrário, o tipo incriminador se preenche através da mera execução de um determinado comportamento estaremos em face de crimes de mera actividade.".
[97] Entendemos como resultado, em primeira instância, o medo sentido pela vítima.

tende tutelar (e que mais à frente iremos desenvolver) sendo o resultado proibido pelo tipo atingido, independentemente da forma da sua realização. Assim sendo, não há apenas uma conduta capaz de provocar o resultado proibido pelo tipo legal, não podendo, assim, estar em causa um crime de realização vinculada.

No que concerne à classificação segundo o critério da unidade ou pluralidade de acções ilícitas, parece-nos que estamos perante um **crime complexo**[98] (que, contrariamente aos crimes simples, não é constituído por uma única acção ilícita)[99].

3) BEM – JURÍDICO

O conceito material de crime é fundamentalmente constituído pela noção de bem jurídico dotado de dignidade penal mas, para tal, não chega que a intenção criminal seja legítima, é preciso ter em conta o art. 18.º, n.º 2 da CRP, que "vinculando a uma estreita analogia material entre a ordem axiológica constitucional e a ordem legal dos bens jurídicos – penais, e subordinando toda a intervenção penal a um estrito princípio de necessidade"[100], obriga a toda a descriminalização possível e, ao mesmo tempo, proíbe qualquer criminalização dispensável. O artigo 18.º, n.º 2 da CRP dispõe que "a violação de um bem jurídico-penal não basta por si para desencadear a intervenção, antes se requerendo que esta seja absolutamente indispensável à livre realização da personalidade de cada um na comunidade. (...)"[101].

---

[98] Apesar de, na maioria das vezes, os tipos de crime protegerem apenas um único bem jurídico, neste caso entendemos que, devido à multiplicidade de condutas ilícitas que integram, a nosso ver, o Stalking, está em causa a protecção de mais do que um bem jurídico-penal. Contudo, note-se que há sempre um bem jurídico que é predominantemente tutelado com a criação do tipo de crime. Neste caso, parece-nos de essencial carência penal a protecção da integridade psíquica, que explicitaremos avante.

[99] "De notar que esta classificação coincide, pelo menos em regra, com a classificação dos tipos de crime em **uni-ofensivos** e **pluri-ofensivos**, classificação esta que é feita com base no critério da unidade ou pluralidade de bens jurídicos protegidos pelo respectivo tipo legal e lesados pela correspondente conduta criminal.", cfr. Américo Taipa de Carvalho, 2008, p.296.

[100] Cfr. Jorge Figueiredo Dias, 2007, p.73.

[101] Ver Jorge Figueiredo Dias, 2007, p.128; a este respeito BECCARIA, A propos de Beccaria et de la politique criminelle portugaise actuelle, International Congress Cesare Beccaria and modern criminal policy".

Cabe-nos, desde já, identificar o **bem-jurídico**[102] passível de ser desflorado com a prática dos actos ora discutidos.

A noção de bem jurídico-penal[103] pressupõe determinados parâmetros constitucionais aptos a impor a necessária restrição ao legislador ordinário no momento da tutela do bem jurídico[104]. Um bem passível de merecimento de tutela jurídica deve estar entre aqueles que se encontram na letra da lei constitucional. Acresce ainda a exigência de uma particular relevância social para os bens jurídico-penais, ou seja, estes bens devem ser considerados fundamentais tanto para o indivíduo como para a comunidade em geral, na convivência social. O bem jurídico é defendido penalmente só diante de certas formas de agressão ou ataque, consideradas socialmente intoleráveis.

Entende-se por bens jurídicos valores da ordem ideal considerados merecedores de tutela jurídica[105]. Assim, desde logo, são susceptíveis de integrar ofensa à integridade física, mas na sua vertente de ofensa à saúde, pelo impacto psicológico e emocional que despoletam na vítima.

Conforme exposto, a correcta determinação do bem jurídico tutelado por uma norma penal assume enorme relevância para a sua legitimação, interpretação e aplicação.

O Stalking contempla uma série de comportamentos que, de forma reiterada, lesam a saúde da vítima, não só física, **mas essencialmente psíquica**.

---

[102] O pensamento jurídico moderno reconhece que o escopo primordial do Direito Penal assenta na protecção de bens jurídicos essenciais ao indivíduo e vida em sociedade, orientada pelos princípios fundamentais da personalidade e individualização da pena, da culpabilidade, etc.

[103] "O bem jurídico-penal é um pedaço da realidade, olhado sempre como relação comunicacional, com densidade axiológica a que a ordem jurídico-penal atribui dignidade penal", cfr. José Faria Costa, 3ª edição, 2012, p.164.

[104] "O legislador deve sempre basear-se na Constituição e nos valores nela consagrados para definir os bens jurídicos, tendo em conta o carácter limitativo da tutela penal. Aliás, o próprio conteúdo liberal do conceito de bem jurídico exige que sua protecção seja feita tanto pelo Direito Penal como ante o Direito Penal. Encontram-se, portanto, na norma constitucional as pautas substanciais vinculantes para a incriminação ou não de condutas.", Cfr. "Apontamentos sobre o ambiente como bem jurídico-penal", Luiz Regis Prado, p.9.

[105] Neste sentido, Figueiredo Dias usa a formulação de bem jurídico enquanto "expressão de um interesse, da pessoa ou da comunidade, na manutenção ou integridade de um certo estado, objecto ou bem em si mesmo socialmente relevante e por isso juridicamente reconhecido como valioso.", Figueiredo Dias, 2007, p. 114.

Importa realçar que a tentativa de tutelar a protecção deste bem jurídico, integridade psíquica, não se refere à lesão concreta provocada pelo agente, mas sim tutelar o interesse geral na protecção desta integridade, que se materializa em cada uma das vítimas de Stalking[106].

Aflora a argumentação jurídica a indicar esta como a melhor solução para a determinação do bem jurídico protegido pelos crimes de Stalking, pode-se aduzir um argumento fáctico insofismável: a pessoa alvo de Stalking não aponta como principal lesão sofrida qualquer ferimento, sequela física ou carência de liberdade, mas sim o medo, o terror psicológico a desonra da sua dignidade e até mesmo da sua autoimagem e amor-próprio. Esses é que são, na verdade, os pontos cruciais de lesão à pessoa "perseguida", e não os danos físicos. A lembrança dos acontecimentos perpetrados pelo stalker constituem ofensa à integridade psíquica e, abstracta e amplamente, ofensa à dignidade humana da pessoa vitimada.

No que respeita à classificação do crime segundo o critério do bem jurídico, importa determinar se estamos perante um crime de dano ou um crime de perigo. Assim, estamos perante o primeiro quando há uma efectiva lesão do bem jurídico tutelado pelo tipo, enquanto que o segundo se basta, para o preenchimento do tipo, da colocação em perigo do respectivo bem jurídico. No que respeita a esta classificação, suscitam-se acentuadas dúvidas se revela a produção de danos (quer dizer, se da conduta resultarem consequências para a vítima) ou se seria mais adequado se fosse configurado como crime de perigo abstracto, punindo-se o comportamento de perseguição insidiosa, independente de dano ou perigo efectivo.

Os crimes de perigo não exigem, para a punibilidade, a lesão efectiva do bem jurídico tutelado, mas tão-somente a sua ameaça de lesão. No crime de perigo abstracto[107] presume-se que a conduta descrita é, em si mesma, perigosa e, por isso, susceptível de lesar os bens jurídicos, punindo-se pela

---

[106] A este propósito entende José Faria Costa que "Daqui decorre não poder compreender-se o bem jurídico como uma realidade concreta, pertencente ao real verdadeiro. É na sua abstracção que o bem jurídico cumpre as funções que lhe são adstritas e é esta abstracção, característica dos conceitos – que permite o bem jurídico constituir-se como núcleo da doutrina geral do crime.", Cfr. José Faria Costa, 3ª edição, 2012, p.262.

[107] Diversamente ao se sucede nos crimes de perigo concreto, em que o perigo faz parte do tipo, ou seja, o tipo só é preenchido quando o bem jurídico tenha efectivamente sido posto em perigo. Não nos parece a solução mais viável devido à inexactidão de prova relativamente ao bem jurídico ter, ou não, sido posto em risco.

perigosidade da conduta e não pela susceptibilidade de lesão, como no caso de perigo concreto. Deste modo, quando se verificasse, no caso concreto, perigo de lesão do bem jurídico, a pena seria agravada e, quando se verificasse efectiva lesão, o crime assumiria a forma de qualificado, assim como nos casos em que resultasse suicídio ou homicídio da vítima. Neste último caso concorreria com o crime de homicídio qualificado em relação de consumpção, sendo absorvido por ele[108]. Assim, entendemos que o mais eficaz seria considerar o Stalking como **crime de perigo abstracto** pois, como se enunciou, promoveria mais adequada protecção da vítima do que o crime de dano: o dano tem sempre de ser provado, caso contrário, o crime, ainda que verificado, não é susceptível de ser punido. Portanto, parece que o que deveria estar em causa, mais do que o dano, em primeira linha, deveria ser o próprio acto de perseguição insidiosa e obsessiva, que invade a privacidade da vítima e a importuna, provocando-lhe danos psíquicos de intensa gravidade.

Deste modo, considerando o Stalking um **crime de perigo abstracto**[109] permitir-se-á punir, de imediato, pela prática deste comportamento potencialmente perigoso, com a simples prova da perseguição, independentemente de a vítima ter ou não sofrido danos.

Esta classificação é feita no que respeita à intensidade do ataque ao bem jurídico. Já no que respeita à duração da lesão desse mesmo bem, o Stalking apresenta-se, nitidamente, como um **crime duradouro (ou permanente)**, na medida em que a lesão do bem jurídico pode prolongar-se por um período de tempo mais ou menos longo (por oposição aos crimes instantâneos).

---

[108] O princípio da consumpção, conhecido também como princípio da absorção, é um princípio aplicável nos casos em que há uma sucessão de condutas com existência de um nexo de dependência. De acordo com tal princípio, o crime final absorve o crime anteriormente executado.

[109] Note-se que, apesar de questionada a constitucionalidade dos crimes de perigo abstracto, a doutrina maioritária (cfr. Figueiredo Dias, 2007, p.309; Faria Costa, 2012, p. 646) e o TC (a conformidade constitucional dos crimes de perigo abstracto depende da razoabilidade da antecipação da tutela penal com a incriminação de acções que têm geralmente aptidão para integrarem o processo causal dos danos referentes à conduta típica, abstraindo de outras condições absolutamente necessárias para que, no caso, se produzam tais danos (cfr. Ac. do Tribunal Constitucional nº 426/91, de 6 de Novembro)) pronunciam-se no sentido da sua não inconstitucionalidade quando estão em causa bens jurídicos de grande importância, quando seja possível identificar o bem jurídico tutelado e a conduta típica for minuciosamente descrita.

Relativamente ao critério da natureza pessoal, ou não, dos bens jurídicos, integra o Stalking um **crime eminentemente pessoal**, onde o tipo legal deve proteger, directamente, os bens jurídicos que se reconduzem aos chamados "direitos de personalidade" e, aqui em concreto, a integridade psíquica.

Por último, segundo o critério da autonomia ou dependência existente entre os tipos legais que protegem o mesmo bem jurídico, trata-se o Stalking de um **crime fundamental**.

VI. INCLUSÃO DA INTEGRIDADE PSÍQUICA ENQUANTO BEM JURÍDICO AUTÓNOMO NO ORDENAMENTO JURÍDICO-PENAL PORTUGUÊS

1) INTEGRIDADE PSÍQUICA

Em primeiro lugar, note-se que para ser considerado bem jurídico-penal tem que cumprir dois critérios: a dignidade penal e a necessidade penal. O art. 18.º, n.º2 da CRP define o critério de bem jurídico-penal, exigindo a necessidade de existência de um Direito Fundamental consagrado na Constituição ou, não estando consagrado, um Direito Fundamental de natureza análoga (Critério Valorativo Axiológico).

Contudo, como já referenciamos, não cabe ao direito penal (devido à gravidade das sanções que aplica), promover a consciencialização ético-social e ético-jurídica da importância fundamental de certos bens para a existência social e humana. Ora, o Direito penal pressupõe essa consciencialização.

O bem jurídico para ter DIGNIDADE PENAL necessita de ser assumido pela consciência ético-social como fundamental, valores considerados como essenciais ou indispensáveis para a realização pessoal de cada um dos membros da sociedade, protegidos pelo direito penal clássico. Constitui, portanto, a DIMENSÃO AXIOLOGICA fundamental do bem jurídico-penal. Por outro lado, para haver NECESSIDADE PENAL, ainda que haja "dignidade penal", é necessário que o recurso às penas criminais seja considerado indispensável e adequado[110]. Este pressuposto de necessidade penal resulta do **Princípio da Intervenção Mínima do Direito Penal**[111] (defendido pela Escola Clássica).

A **integridade psíquica** é um valor que não se encontra previsto expressamente na legislação criminal, merecendo uma pesquisa para a sua tutela, uma vez que é considerada uma "terra desconhecida"[112] do direito. Entendemos como psíquico tudo o que concerne à experiência interior. Embora seja muitas vezes invocada uma inseparabilidade substantiva entre integridade física e psíquica (integridade psicofísica), esta última possui autonomia suficiente que deve ser reconhecida pela ordem jurídica[113].

---

[110] O indispensável traduz-se na tutela daqueles bens fundamentais que só pode ser conseguida através do recurso às penas criminais, ou seja o direito penal só deve de intervir de forma subsidiária, quando os outros ramos do direito não possam resolver a questão.

[111] O princípio da intervenção mínima do direito penal tem o sentido de que a sua intervenção só deve ocorrer, através da tipificação de condutas, quando a tanto obrigue a defesa dos valores dominantes da comunidade. Naturalmente que o núcleo destes valores varia, quer de Estado para Estado, quer ao longo do tempo, no mesmo Estado, sendo certo que compete sempre a cada sociedade, em cada momento histórico, a definição daquele núcleo, o que vale dizer, a definição dos bens jurídicos fundamentais.

[112] A este respeito veja-se, "La tutela penale dell'integrità psichica", capitolo I; BLOY R., Der strafrechtliche Schutz der psychischen Integrität, in FS für A. Eser, München, 2005, p. 233 ss. 2 Libro II, Tit. XII, Capo III, Sez. III c.p. Per un primo inquadram; e «Für die Rechtswissenschaft ist die Psyche weitgehend eine terra incognita, ihre Bedeutung kaum systematisch untersucht.» (BUBLITZ J.C., Habeas mentem? Psychiatrische Zwangseingriffe im Maßregelvollzug und die Freiheit gefährlicher Gedanken, in ZIS – Zeitschrift für Internationale Strafrechtsdogmatik, 8/9.

[113] Neste sentido, concordamos com "Apoiando-nos nas reflexões de Oliveira Sá, consideramos que os conceitos de *"ofensa corporal"* ou de *"ofensa à integridade física"*, deveriam antes dar lugar à noção de *"ofensa pessoal"* ou de *"ofensa à integridade da pessoa"*, na medida em que os primeiros conceitos nos remetem para a noção de lesões no corpo, não sendo apenas estas "lesões" que importa avaliar. Na verdade, sabemos hoje que o dano no corpo tem repercussões psicológicas, morais e sociais importantes, que não podem ser menosprezadas, e sabemos que muitas vezes, mesmo na ausência de lesões no corpo, certas situações traumatizantes provocam distúrbios psicológicos e morais que devem ser valorizados. Aliás, o legislador, ao recorrer não apenas à noção de "corpo" mas, também, de "saúde", abriu exactamente a porta para esta interpretação. Isto porque a saúde não se refere apenas ao corpo mas, de forma mais genérica, ao "estado de completo bem-estar físico, mental e social" (...)"; cfr. T. Magalhães, D. Pinto da Costa, F. Corte-Real, D. N. Vieira; 2003; p. 69.

Paula Faria[114] refere a produção de dor como lesão da integridade psíquica que simultaneamente comporta um efeito somático, alegando que "(...) há lesões psíquicas com reflexos no "corpo" ou na saúde da vítima, que devem ser consideradas ofensas à integridade física tipicamente relevantes (...). Será o caso do grave choque traumático sofrido devido a um acidente de viação, do abalo sofrido com a comunicação sem fundamento da morte de um familiar, dos efeitos de uma hipnose mal executada, ou do chamado **"terror telefónico""**[115]. (negrito nosso). Não podemos deixar de discordar deste entendimento, essencialmente pela circunstância de a integridade psíquica ter valor constitucional de tal índole que relevaria para autonomização do bem jurídico, ou, pelo menos, se assim não fosse, referência expressa no texto legislativo. Entende, ainda, a autora, no que concerne à "integridade psíquica" (por nós assim denominada), que "**As lesões ou maus tratos psíquicos**", isto é, "as condutas dirigidas contra outra pessoa que apenas causam 'males da alma' sem chegarem a constituir ofensas ao corpo"[116], não constituem ofensas à integridade física. A dor psíquica, o sofrimento moral, ou o medo, uma vez que não produzem efeitos sobre o corpo, nem chegam a constituir doença, não podem integrar este tipo legal de crime. (...) as situações onde, além da ofensa ao equilíbrio psíquico da pessoa, tem lugar a perturbação das terminações sensoriais servidas pelos nervos sensoriais do sistema nervoso central, com graves alterações do sistema nervoso, colapsos ou enfartes. Nestas hipóteses dever-se-á admitir a existência de uma ofensa ao corpo que constituirá sempre, e simultaneamente, uma ofensa à saúde (neste exacto sentido, LILIE, LK §223 8, referindo como exem-

---

[114] Comentário Conimbricense do Código Penal; Tomo I, 2.ª edição, p. 301, comentário ao art. 143.º do CP.
[115] Refira-se que se consideram abrangidas nestas situações, nomeadamente, situações de barulho forte durante a noite. Assim, "I - É susceptível de constituir o crime de ofensas corporais do artigo 142, n. 1, do Código Penal, uma discussão em tom de voz audível a 100 metros de distância, em zona habitada, às 3 horas da madrugada, já que é adequada a provocar o brusco acordar de quem dorme, causando dificuldade em readormecer, com dores de cabeça, náuseas e depressão psíquica durante horas ou dias.
II - A nível indiciário, é de presumir que os agentes dessa discussão tenham previsto as referidas consequências como possível resultado da sua conduta, conformando-se como a sua realização, já que as mesmas constituem um dado da experiência geral.", segundo entendimento do TRP datado de 14-12-1988.
[116] LILIE, LK, §223 8.

plos, as ameaças que dirigidas a uma pessoa durante três anos, e que lhe causaram um estado depressivo profundo, dificuldades de concentração e em adormecer, e pensamentos suicidas; LACKNER § 223, 4 e TRÖNDLE/FISHER § 223, 6, referem a hipótese do terror nocturno provocado por chamadas telefónicas ameaçadoras feitas por um período significativo de tempo ...)."[117].

Como podemos observar, são as lesões psíquicas sempre associadas e dependentes de uma qualquer lesão física. Contudo, o que pretendemos demonstrar, e o que concluímos ser o caso do Stalking, num primeiro nível, é que as ofensas psíquicas, e a subsequente ofensa à integridade psíquica, pode ser autónoma e violada sem dependência necessária da existência de uma lesão física, propriamente dita[118]. Como menciona Canguilhem[119] "(...) ninguém sai ileso de um episódio traumático, qualquer que ele seja, pelo que é mais importante "avaliar" a pessoa do que o seu corpo. Será, pois, necessário ir mais longe nos nossos diagnósticos e avaliações (...) não é possível continuarmos a olhar para o corpo, esquecendo a pessoa.". Assim, "Quando se fala em "trauma" pensamos em traumatismo físico, da mesma forma que quando se fala em dano corporal pensamos, geralmente, apenas na sua vertente lesante. (...) Mas os eventos traumáticos podem ser de múltiplas etiologias, não correspondendo, necessariamente, todos eles, a situações de lesão orgânica. Por outro lado, mesmo no caso de existirem lesões orgânicas, além das suas sequelas mais objectiváveis (lesionais, funcionais e situacionais), poderão existir outras subjectivas, relacionadas não só com a vivência pessoal do trauma mas, também, com a percepção que a pessoa tem do seu dano corporal. (...) Assim, "trauma" traduz um evento (choque), que ocorre súbita e inesperadamente, ameaçando o bem-estar psicológico de quem o sofre (...) Alterações psiquiátricas podem, igualmente, surgir, mas menos frequentemente. Manifestam-se por fobias, per-

---

[117] Op. cit, comentário ao art. 143.º, §16, p. 306.
[118] "Nos últimos anos, depois de aceite o conceito de "dano pessoa" ou "emocional", também os tribunais começaram a mostrar-se dispostas a compensar este dano mesmo na ausência de traumatismo físico, havendo no entanto, ainda uma grande desordem na forma como o fazem. A tendência da lei parece ser no sentido de proporcionar uma crescente protecção a sentimentos e emoções e aumentar as possibilidades de reparação do "dano pessoal", começando a reconhecer-se os efeitos indirectos do trauma psíquico nos membros da família do afectado."; cfr. Teresa Magalhães & Claude Hamolet; 2000; p.59.
[119] G. CANGUILHEMM; 1966.

turbações pós-*stress* traumático, ansiedade generalizada e crises de pânico ou depressão e, mais raramente, desordens dissociativas."[120].

Também é verdade que, quando se faz referência a danos à saúde, o fundo psicológico para o crime é muitas vezes referido como "integridade moral". Esses adjectivos, no entanto, não desviam a atenção do objecto da ofensa, que continua a ser a integridade psíquica. Em vez disso, destacam uma classificação diferente do modo de lesão que, sem a necessidade de fundamentação objectiva desta, apontando parâmetros "axiológicos" médicos ou psicológicos socialmente relevantes, em sentido amplo "moral". Neste seguimento, partilhamos do entendimento de que " (...) a capacidade classificatória da "liberdade moral" deve ser reconsiderada; certamente não - como se diz - por causa da crítica, proveniente de abordagens reducionistas, dos quais esta ideia é presa no filosófico, mas por causa das dificuldades de incluir este assunto em qualquer processo sujeito à protecção do psíquico. A doutrina salientou que a definição de liberdade moral, entendida como "a liberdade de autodeterminação", é "muito restritiva", sugerindo a inclusão no seu âmbito de outros aspectos da vida mental. E além da protecção das vivências internas não ser redutível à liberdade de vontade, é confirmada pelos dados positivos, que entram em consideração, com frequência cada vez maior, até mesmo emoções."[121].

A este respeito questionamo-nos no seguinte aspecto: haverá a possibilidade de encontrar uma lesão psíquica em consequência de quase todas as experiências de vitimização, pelo menos quando não houve contacto com o agressor? Acima de tudo, somos levados a valorizar a lesão mental

---

[120] Terese Magalhães & Claude Hamonet; 2000; pp. 50-53.
[121] "La tutela penale dell'integrità psichica", capitolo I, p.2. disponível em: http://www.giappichelli.it/stralci/3482766.pdf, acrescentando ainda "Chegamos ao atributo "psíquico", cuja riqueza de significado é entendida como todas as questões relacionadas com a "experiência interior", all'Erleben. Em sentido restrito de "integridade psicológica", este atributo é relacionado, essencialmente, com a saúde. Há que dizer que essa correlação, em si, em vez de uma restrição, conduz a um alargamento de conceito de integridade: como observado, a saúde é, agora, não apenas a ausência de doença, mas, em geral, um "estado de completo físico, mental e social". O cenário reflecte-se na actual interpretação normas constitucionais: o mesmo Tribunal Constitucional recorda: próximo à integridade física, o interesse integridade "constitucionalmente garantido" psíquico, correlacionando-a com a protecção do direito à saúde, dos quais o artigo 32 Const., onde "saúde" significa exactamente bem-estar psicofísico e direito ao desenvolvimento da pessoa. Ele diz, em essência, uma noção de saúde "expressa não só do ponto de vista saúde, mas também para o comportamental, social e ambiental.""
(pp. 5 e 6).

da vítima quando haja uma fraqueza preconcebida em relação ao autor. Do ponto de vista do direito penal deve, contudo, notar-se a mudança de "danos" para "ofensas", quando, neste caso, é descrito um "acontecimento psíquico" típico que sinaliza a presença dos interesses jurídicos dos quais estamos a tratar, e não em a presença de qualquer efeito da conduta no estado mental da vítima. Para a identificação de um crime no sentido técnico, além da análise da legislação existente, deveria existir uma reconstrução dos processos mentais susceptíveis de protecção: essa vontade, de facto, mostra-se o principal objectivo da nossa pesquisa.

Um impulso decisivo para a intensificação da protecção da integridade psíquica é dado, finalmente, pela afirmação de dois sentimentos que dominam modernidade: o medo e a insegurança. A nossa atenção converge, então, nas técnicas da tutela imaginável, que vão de encontro a inconveniências, o que referimos esquematicamente como a necessidade de "manifestar" uma agressão que afecte a esfera puramente interna de um indivíduo. A diferença perante outros ramos de tutela da pessoa é que aqui estamos na presença de uma afectação do estado psíquico da vítima, resultante do evento típico, pelo menos quando ele mesmo resume a lesão produzida pelo crime, e não a sua "passagem".

Ao contrário do que se passa com muitos crimes, a definição legal do Stalking abrange não só o comportamento do ofensor, mas também os efeitos sobre as vítimas. As respostas psicológicas das vítimas e as alterações que a vítima se vê obrigada a fazer na sua vida como resultado do Stalking, também podem ser utilizadas como evidências do medo que o ofensor lhes causa. O impacto do Stalking é, com frequência, bastante abrangente, grave, e psicologicamente traumático. Muitas vítimas sentem-se constantemente híper-vigilantes, vulneráveis, sem controlo sobre as suas vidas, stressadas, e ansiosas. Lidar com o Stalking pode consumir-lhes todas as suas energias, podendo até vir a sofrer uma perda de confiança, sofrer de *stress* emocional a longo prazo e de distúrbios diários significativos nas suas vidas[122], levando muitas a procurar aconselhamento psicológico[123]. Os sintomas das vítimas tendem a piorar a cada novo incidente, e podem

---

[122] Sobre esta questão, Mullen&Pathe&Purcell; 2000.
[123] A este propósito, Tjaden&Thoennes; 1998.

ser combinados com preocupações acerca dos efeitos negativos sobre os seus filhos e outras vítimas secundárias[124,125].

Corroborando o que acima descrevemos, Mechanic, Uhlmansiek, Weaver e Resick[126] documentam a extensão dos sintomas psíquicos numa amostra de mulheres vítimas de Stalking. Os dados ilustram que aquelas que foram alvo de Stalking mais severo manifestavam índices superiores de indicadores traumáticos; além disso, apesar de todas as vítimas exibirem níveis elevados de depressão, os sintomas depressivos mais severos estavam associados a experiências destas condutas, também, mais severas. Apesar de se tratar de um ilícito passível de afrontar uma diversa panóplia de bens jurídicos, "(...) o impacto negativo mais elevado parece ser ao nível da saúde psicológica, de tal modo que alguns autores foram levados a classificar o Stalking como uma forma de terrorismo psicológico por se acordar que as vítimas apresentam mais sintomas de saúde mental."[127].

Estamos diante da tutela do bem jurídico da integridade psíquica da pessoa humana, obedecendo ao comando constitucional do **art. 25.º, n.º1** da CRP: *"A integridade moral e física das pessoas é inviolável"*. Ainda que, explicitamente, este preceito constitucional tutelador da "integridade pessoal" não refira a integridade psíquica, entendemos que se pretende, com o mesmo, a sua tutela. Não sendo consensual "(...) se o direito à integridade pessoal pode ser erguido autonomamente a bem jurídico-penal para efeitos de um direito penal mais justo para certos tipos de crime (...) "[128], e não se integrando os resultados provocados pelas condutas do Stalking nem na integridade física nem na integridade moral, cremos que um conceito de integridade psíquica (independente da integridade física, ou nem sempre a ela correlacionado) deve estar implícito no preceito que ora debatemos[129].

---

[124] Cfr. Mullen&Pathe&Purcell; 2000.
[125] Neste sentido, "Especificamente, a literatura sobre os efeitos do Stalking no âmbito de relacionamentos íntimos ilustra várias consequências emocionais associadas a este tipo de experiência, traduzidas em condições de grande vulnerabilidade pessoal (Brewster, 1998; Kamphuis, Emmelkamp, & Bartak, 2003; Logan, Shannon, Cole, & Walker, 2006).", cfr. Célia Ferreira, Marlene Matos, 2013, p.84.
[126] Mechanic, Uhlmansiek, Weaver & Resick, 2002.
[127] cfr. Joana Patrícia Martins Ferreira; 2013; p. 29.
[128] Cfr. Constituição da República Portuguesa Anotada, Volume I, p. 454.
[129] A favor deste entendimento encontramos na CRP Anotada, na anotação ao art. 25º, a referência ao **"direito à integridade física e psíquica"**. Permita-se-nos apenas discordar da

Para além disto, a integridade psíquica deve ser tutelada constitucionalmente também como decorrente da dignidade da pessoa humana[130]. Assim, ao entendermos que este bem jurídico se encontra constitucionalmente consagrado, importa determinar a sua relevância jurídico-penal.

No domínio das manifestações psicossomáticas, é plenamente aceite na ciência médica que no conjunto de reacções do organismo a agressões externas, inscrito no fenómeno do *stress*, se contam também as agressões psíquicas[131].

Podemos considerar que o Stalking se caracteriza por ser uma conduta abusiva, de natureza primordialmente psicológica, que atenta contra a dignidade e integridade psíquica, de forma reiterada e duradoura, e que

---

correlação imediata de uma integridade à outra, uma vez que partilhamos do entendimento que as duas devem ser tratadas autonomamente, devido à discrepância dos bens que visam proteger.

[130] Note-se, neste sentido, que "A dignidade da pessoa humana não é jurídico-constitucionalmente apenas um princípio-limite. Ela tem um valor próprio e uma dimensão normativa específicos. Desde logo, está na base de concretizações do princípio antrópico ou personicêntrico inerente a muitos direitos fundamentais (direito à vida, direito ao desenvolvimento da personalidade, direito à integridade física e psíquica (...))"; cfr. Constituição da República Portuguesa Anotada, Volume I, p.198.

[131] Destarte, "Uma das óbvias dificuldades em quantificar os efeitos do stalking reside na diferença entre o dano físico (agressões - incluindo violência sexual, danos à propriedade, etc.), que são mais evidentes e reconhecíveis, e as ofensas psicológicas (perda de sono, ausência do trabalho, e isolamento social). A última classe de danos não pode ser identificada pela vítima em relação ao stalking, mesmo nos casos em que a doença física é despertada psicologicamente – e, portanto, psicossomática. As vítimas de stalking não identificam doenças como febres e distúrbios gastrointestinais como relacionadas com o stalking, apesar do relato de outras perturbações atribuídas à intrusão. Um exemplo interessante, dos Estados Unidos, é o de Gary Dellapenta, de 50 anos de idade, ex-segurança, que, depois de ser repelido por um interesse amoroso, fez uma campanha de assédio na internet contra a pessoa. A vítima ficou tão aterrorizada que perdeu o emprego, perdeu muito peso e passou muitos dias sem conseguir sair da cama (Petherick, 2008)."; cfr. Joana Patrícia Martins Ferreira; 2013; p. 28.

expõe a vítima a situações de medo e stress, susceptíveis de causar ofensa à personalidade, dignidade e integridade psíquica[132,133].

É justamente sob esse aspecto amplo e compreensível, o do respeito à **integridade psíquica do indivíduo**, que, a par da integridade física, é o binómio sobre o qual assenta a própria "estrutura" do indivíduo, que PIETRO PERLINGIERI[134] versa externamente, estudando principalmente a oportunidade e a legitimidade dos tratamentos psiquiátricos.

A Carta dos Direitos Fundamentais da União Europeia, no seu artigo 3.º[135], estabelece que deve mesmo ser protegida a integridade psíquica de cada indivíduo. O conceito de "integridade psíquica" é difícil de interpretar. Certamente que a Carta da União Europeia se refere não só à saúde mental, como ainda a um estado de serenidade física e mental e, também, a uma boa relação com o ambiente em que vivemos, que é mais difícil alcançar. Entre as situações que incorporam o conteúdo do direito à saúde, direito à integridade e personalidade, a classificação assegurada pelo ordenamento penal Italiano garante a protecção mais firme.

A tutela do direito à integridade psíquica na comunidade Europeia, consagrada implicitamente na Convenção Europeia dos Direitos do Homem, realça na Carta dos Direitos Fundamentais, no seu artigo 1.º que "A dignidade do ser humano é inviolável. Deve ser respeitada e protegida.". Os

---

[132] Vejamos a proposta de 2004 de tentativa de inclusão no Stalking no Código Penal Italiano, onde este crime era caracterizado por "(...) um comportamento intencional, persistente malévolo endereçado a seguir ou assediar outra pessoa com actividades alarmantes ou levantar um medo racional ou angústia emocional, que prejudicam a liberdade moral ou pessoal de outro ou a **saúde psicofísica**." (sublinhado nosso); cfr. Carolina Villacampa Estiarte; 2009; p.16.

[133] Atente-se na semelhança do Stalking com o assédio moral: "O assédio moral é uma forma característica e peculiar de violação dos direitos da personalidade, à integridade psíquica, em especial, que se prolonga no tempo; é marcado pela subtileza das acções, é sempre bilateral, pois estão, de um lado, o assediado (vítima) e, de outro, o assediador, ambos vinculados por uma relação hierárquica ou de dominação deste último em relação ao primeiro. Trata-se de um modo de agir, individual ou colectivo, contínuo e repetitivo, que tende a violar os direitos da personalidade, atingindo a dignidade e, especialmente, a integridade psíquica da pessoa assediada, independentemente da ocorrência de um dano e da intencionalidade do agente individual ou colectivo.", cfr. Luciany Michelli Pereira dos Santos; 2005; p. 129.

[134] *In* La Personalità Umana nell'Ordinamento Giuridico, Camerino, Jovene, 1972.

[135] Onde se estabelece, no n.º1, que "Todas as pessoas têm direito ao respeito pela sua integridade física e **mental**." (negrito nosso).

artigos 2.º e 3.º asseguram "o direito à vida, ressalvada a pena de morte e caso de guerra e o direito à integridade do ser humano", respectivamente.

A protecção da vida privada, consagrada no artigo 9.º da Convenção Europeia dos Direitos do Homem, inclui a integridade física e psicológica da pessoa, bem se sabendo que o estado mental é um factor importante para a possibilidade de desfrutar do direito à vida privada[136], que veio confirmar a decisão do caso BOTTA v. ITALY (1998) onde se entendeu que a vida privada inclui integridade física, moral e psicológica da pessoa.

A saúde mental também deve ser considerada como parte crucial da vida, associada ao aspecto da integridade moral. O artigo 8.º protege um direito de estabelecer e desenvolver relações com outros seres humanos. A preservação da estabilidade mental é, nesse contexto, uma condição indispensável para o gozo efectivo do direito ao respeito pela vida privada.

Em termos técnicos, é dito que o direito à integridade e personalidade se manifesta como um "direito pessoal", o que significa que é um direito pertencente ao ser humano, mesmo na ausência de uma intervenção de apoio pelo legislador ou pela administração pública, e que pode ser chamado directamente contra alguém. Deve ser especificado que a lei em questão abrange não só a saúde física, mas também mental, porque na constituição da pessoa humana é entendida como uma entidade única, composta de corpo e mente.

No entender do Tribunal da Relação do Porto, o "(...) Stalking, forma de violência já criminalizada autonomamente em vários países, em que o sujeito activo invade repetidamente a esfera de privacidade da vítima, empregando tácticas de perseguição e diversos meios, tais como ligações telefónicas, envio de mensagens, espera nos locais de maior frequência, dos quais podem resultar danos à integridade psicológica e emocional da vítima e restrições à sua liberdade de locomoção, face à **angústia** e **temor** que tais comportamentos provocam."[137] (negrito e sublinhado nossos).

A vítima pode desenvolver trauma crónico, depressão, ideias suicidas, ansiedade, perturbação e *stress* pós-traumático – medo, tensão, nervosismo, raiva, agressividade, confusão, desconfiança, paranóia, cansaço, fraqueza...

---

[136] Cfr. caso BENSAID v. U.K., § 47.
[137] Cfr. Acórdão do TRP de 7/11/2012, processo 765/08.1PRPRT.P2.

Essa situação culmina com um prejuízo irreparável à integridade psicológica da vítima, ficando justificada a preocupação com o resguardo deste bem jurídico.

Desta feita, para uma protecção mais concreta e eficaz, há a carência de um tipo penal autónomo incluindo-se, neste crime, a figura da violência psíquica, apesar da dificuldade na identificação do dano à integridade psicológica[138]. Em combate a esta tese, utilizamos o argumento de que "o que é psíquico não é a violência utilizada, mas o resultado lesivo que afecta a saúde mental do sujeito passivo"[139]. Neste sentido, partilhamos do entendimento de que "Revela-se assim o direito à integridade psicossomática uma das obrigações constitucionais do Estado, "é a faculdade conferida pelo sistema jurídico de conservar-se [a pessoa] íntegro e perfeito, desenvolvendo-se normalmente sem sofrer qualquer diminuição""[140]. Por conseguinte, encontramo-nos perante uma condição de convivência normal, de segurança, de eficaz desenvolvimento da actividade individual proveitosa que se manifesta como a faculdade de conservar a substância corpórea íntegra, completa, perfeita e acabada, sem qualquer lesão que possa comprometer sua manifestação interna e externa. É ofício compreender que o direito à vida envolve a integridade psicofísica, punindo a lei os ilícitos que danifiquem o corpo, a mente e a consistência emocional, tipificando o crime de lesões corporais de um modo tão amplo que compreende o sofrimento físico, o prejuízo à saúde e as perturbações às faculdades intelectuais. Na integridade moral, que inclui também aspectos da integridade psíquica, destacam-se a liberdade religiosa, a segurança moral, a honra, a intimidade, a imagem, a estética e os segredos pessoal, doméstico e profissional. Assim, relaciona-se com o ser humano como um todo: corpo, intelecto, emoções, sentimentos, formação cultural, religiosa, enfim, tudo quanto diga respeito à sua própria intimidade, honra e imagem, à sua personalidade. Isto significa que ao ser humano cabe o respeito às suas convicções

---

[138] A diferenciação entre violência psicológica e psíquica, para o Direito, parece inócua. Para a psicologia e a psiquiatria, no entanto, denotam situações diversas. A violência psíquica seria causadora de uma patologia médica; enquanto que a psicológica não poderia causar qualquer tipo de patologia somática. Cfr. ORTÚZAR, Ignácio F. Benítez. La violencia psíquica a la luz de la reforma del Código Penal en materia de violência doméstica.

[139] CORTÉS BECHIARELLI, Emilio; 1.ed. p. 50 ss.; FERNÁNDEZ, David Lorenzo, 2003, p. 38.

[140] José Aparecido Camargo; 2009; p. 5391 e 5392.

morais, culturais, filosóficas, religiosas e científicas, obviamente respeitados os direitos de outros indivíduos, da colectividade e os preceitos de ordem pública. "Compreende-se então que a vida, no contexto dos direitos da personalidade, é mais do que apenas uma estrutura funcional, biológica, dinâmica, um processo. Abrange a história biográfica da pessoa, dizendo respeito à sua dignidade, intimidade, privacidade e integridade [psicossomática]. (...) A integridade moral e psíquica destaca os aspectos imateriais ou espirituais sem os quais a pessoa se reduz a um estado "vegetativo", o que pode ser também produto de doenças, transtornos ou perturbações mentais, resultantes de violações exógenas. Nesse contexto, caso violados sua integridade física, moral, intelectual ou psíquica, sepulta-se a sua perspectiva de realização juntamente com a sua dignidade."[141].

A Constituição da República Portuguesa, no seu artigo 1.º, estabelece como princípio fundamental que "Portugal é uma República soberana, baseada na dignidade da pessoa humana [...] empenhada na construção de uma sociedade livre, justa e solidária". Nos artigos 12.º e ss., destacam-se os direitos, as liberdades e as garantias fundamentais, sobressaindo o direito à vida, à integridade pessoal, a inviolabilidade moral e física, a abolição da tortura, maus-tratos ou penas cruéis, degradantes ou desumanos, a inviolabilidade psicofísica da pessoa e o desenvolvimento da personalidade. São também acauteladas as garantias legais effectivas contra a obtenção e utilização abusiva ou contrárias à dignidade humana de informações relativas às pessoas e famílias, à dignidade pessoal e à identidade genética do ser humano, nomeadamente na criação, desenvolvimento e utilização das tecnologias e na experimentação científica. A lei do Estado no qual ocorreu a actividade principal geradora do prejuízo, de acordo com o Código Civil Português, regra geral, no que concerne a responsabilidade extracontratual – decorrente da violação, ilícita e culposa, de direitos ou de normas protectoras de interesses alheios – é a que se aplica nos casos analisados. À omissão delituosa da prática de uma conduta exigida por lei, aplica-se a lei do lugar onde deveria ter ocorrido a acção. Por fim, "a lei designada pelas regras de conflitos regula os pressupostos e as consequências da obrigação de indemnizar". Destaca-se no Código Civil Português o artigo 70.º que trata da "Tutela geral da personalidade" esta-

---

[141] José Aparecido Camargo; 2009; p. 5391 e 5392.

tuindo que "A lei protege os indivíduos contra qualquer ofensa ilícita ou ameaça de ofensa à sua personalidade física ou moral". E o artigo 81.º que normatiza a "Limitação voluntária dos direitos de personalidade", estabelece que "toda a limitação voluntária ao exercício dos direitos de personalidade é nula, se for contrária aos princípios de ordem pública." (n.º 1) e "a limitação voluntária, quando legal, é sempre revogável, ainda que com obrigação de indemnizar os prejuízos causados às legítimas expectativas da outra parte." (n.º2).

As evidências sugerem que um ataque duradouro de Stalking provoca um enorme impacto psicológico nas vítimas[142]. Assim, "Stalking é um comportamento comum, mas variável, que é frequentemente associado ao dano psicológico e social das vítimas (...)"[143].

Dada a relevância do bem jurídico da integridade psíquica, não merece atenção o argumento de que um tipo autónomo poderia constituir afronta ao princípio da intervenção mínima do Direito Penal.

Todo o prejuízo emocional decorrente de um acontecimento excessivo é susceptível de provocar dano psíquico[144] na vítima. A avaliação e valoração deste tipo de dano tem, actualmente, elevado interesse real, inclusive no Direito Penal. Assim, corresponde a lesões resultantes de prejuízos emocionais passíveis de não terem cura ou resultarem em incapacidade agravada[145].

Impõe-se determinar quais os critérios adequados na determinação do Dano Psíquico em concreto, havendo necessidade de preenchimento desses critérios para efectivamente se considerar que houve um prejuízo emocional sério e diminuição na qualidade de vida da vítima, devendo estar reunidas um conjunto de características.

O Dano Psíquico pode caracterizar-se por uma lesão psicológica susceptível de comprometer as funções psíquicas, de forma súbita, que surge

---

[142] A este respeito, cfr. Pathé & Mullen, 1997; Parcell&Pathé&Mullen, 2002.

[143] McEwan&Mullen; 2009; p.149.

[144] "Uma Doença Psíquica nova na biografia de uma pessoa, relacionada causalmente com um evento traumático (acidente, doença, delito), que tenha resultado em um prejuízo das aptidões psíquicas prévias e que tenha caráter irreversível ou, ao menos durante longo tempo"., cfr. **Ballone GJ, Moura EC** - Dano Psíquico - em **www.psiqweb.med.br**.

[145] Referimo-nos, assim, a todos os elementos que possa causar dano emocional, do qual resultam transtornos que, embora possam ser transitórios e temporários, são passíveis de provocar cicatrizes perenes a nível psíquico.

através de um ou vários acontecimentos traumáticos, nomeadamente, a criação de medo e stress na vítima. Destarte, existe uma obrigatoriedade de existência de uma relação de causa-efeito para que se possa falar em Dano Psíquico[146].

Segundo **Gernival Veloso de França**[147], a perícia para avaliação de Dano Psíquico deveria avaliar os seguintes quesitos: 1.º as questões de natureza penal, isto é, se do dano resultou uma incapacidade para as ocupações habituais por mais de trinta (30) dias; se do dano resultou debilidade permanente de membro, sentido ou função; se do dano resultou perda ou inutilização de membro, sentido ou função; se do dano resultou aceleração do parto; se do dano resultou aborto; se do dano resultou incapacidade permanente para o trabalho; se do dano resultou uma enfermidade incurável; e se do dano resultou deformidade permanente; 2.º se do dano resultou incapacidade temporária: se do dano resultou "*quantum doloris*"[148]; se do dano resultou incapacidade permanente; se do dano resultou prejuízo de afirmação pessoal; se do dano resultou prejuízo futuro; 3.º avaliar as questões de natureza administrativa e questões de natureza trabalhista.

Especificamente, a intenção de aterrorizar, ou a natureza do acto, são assumidas para inspirar o medo generalizado. Aqui, novamente, o direito penal tem em conta o medo quando se delineia a gravidade dos crimes e se elabora uma hierarquia de punição. Embora muitos tenham assumido que o medo é um subconjunto da categoria mais ampla de problemas emocionais, no contexto do direito penal, o medo pode ser mais bem compreendido quando interligado com um determinado resultado, em vez de ser visto como um intrínseco estado emocional. Neste contexto, poderia dizer-se que o "medo razoável" estaria relacionado com a possibilidade de uma grave lesão particular ou morte. Por outras palavras, a resposta para "Medo de quê?" poderia ser uma lesão física específica. Assim, a questão em casos de medo não é sobre o quão dolorosa ou perturbadora a experiência do medo foi para a vítima. Em vez disso, a questão é se a vítima (razoavelmente) antecipou um risco substancial de dano físico. Assim, o foco é sobre previsões da vítima de futuros eventos ou riscos, em vez de

---

[146] Impõe-se a existência de uma dimensão causal, a qual deve ser clara e indubitável, estabelecendo-se a relação entre o estado actual e o evento danoso.
[147] Medicina Legal, Ed. Koogan, RJ.
[148] Neste ponto, discute-se o tempo de sofrimento psíquico provocado pelas condutas que originam o dano em questão.

experiência emocional da vítima. Na verdade, pode facilmente substituir--se o termo "medo" por "antecipação" ou "expectativa" de dano físico.

Contudo, este medo provocado na vítima pode não levar a nenhuma conduta posterior, no entanto, as perturbações na vítima são efectivas. Assim, sendo a vítima exposta a um sentimento de medo constante, podendo mudar a sua vida, podendo originar consequências irremediáveis, não deveriam estas condutas ser criminalizadas? Bem vistas as coisas, há uma efectiva lesão de um bem, mesmo que isso se espelhe no medo de um outro bem, como seja a vida.

Questionamo-nos, ainda, acerca do motivo que levou o direito penal, historicamente, a priorizar os danos físicos sobre outras emoções. Uma explicação plausível é que a razoabilidade da expectativa de dano físico é objectivamente observável, contrariamente à profundidade de qualquer outra emoção interna, que é mais complexa de observar e avaliar, nomeadamente o medo. No que respeita a este último bem, como ao perigo iminente, entendemos que "O medo razoável de dano iminente é um elemento de ataque em muitas jurisdições e no Código Penal Modelo, que define agressão simples como «tentativas de ameaça física para colocar outrem com medo iminente de graves lesões corporais»". No início da década de 1960, os estatutos de assédio começaram a expandir o «medo razoável» como exigência intrínseca ao direito penal. Pelos meados de 1980, todos os Estados tinham leis contra o assédio telefónico, que foram concebidas no sentido de combater questões práticas inerentes à proliferação generalizada de telefones residenciais, tais como preocupações sobre chamadas obscenas e profanas[149], chamadas repetidas durante a noite[150] e através de telefone fixo[151]. Em vez de se exigir que a conduta do agente fosse apta

---

[149] A este propósito, caso **HALL. v. STATE** - Court of Criminal Appeals of Oklahoma, 1972 - onde Mrs. Troy Thorn recebeu uma chamada telefónica obscena de um homem desconhecido, onde este lhe pedia que lhe fosse permitido realizar actos sexuais contra-natura consigo. Quando ela pediu para que este se identificasse, ele respondeu que só o faria se ela cumprisse o seu pedido. A condenação foi confirmada pelo tribunal de 2ª instância.; e **SANDERS v. STATE** onde se entendeu que a expressão ""Eu quero-te', sem mais, não é profana, vulgar, indecente, ameaçadora, obscena ou insultante" para os fins de uma acusação de assédio.

[150] Caso **STATE v. ZEIT**, no qual se considera que a proibição de condutas que constituam assédio por telefone, correio ou outra forma de comunicação escrita não são inconstitucionalmente vagas.

[151] Como, por exemplo, no caso **VON LUSCH v. STATE**, no qual entendeu o tribunal que quando a acusação de assédio se baseasse em ameaças transmitidas por telefone, um único

a causar à vítima o medo razoável por danos futuros, alguns destes estatutos exigiam unicamente que o comportamento do agente fosse apto a causar a uma pessoa razoável «sério alarme, irritação, ou assédio»[152], pressagiando os estatutos modernos do Stalking, que representam no direito penal a primeira incursão explícita na criminalização do dano emocional directo. No entanto, estes estatutos não se originaram como estatutos CIED [sofrimento psicológico]. Em vez disso, os primeiros estatutos exigiam que o acusado colocasse na vítima medo de morte ou danos físicos; não tendo sido o sofrimento emocional suficiente para desencadear a culpa. Preocupados com o facto da aplicação da lei não ser capaz de intervir cedo o suficiente para impedir ataques violentos, alguns Estados foram modificando os seus estatutos no sentido de incluir *stress* emocional, para além do medo. (...)."[153]

Podemos questionar se, da mesma maneira que a ameaça se encontra prevista, não deveria também o Stalking, na medida em que tem como objectivo provocar medo na vítima, ser criminalizado? A principal ofensa não se prenderá com a integridade psíquica da vítima, causada pelo medo que alguma fatalidade possa decorrer desses comportamentos? Vislumbramos o conformismo na apatia demonstrada pelo legislador no descrédito dado à integridade psíquica como direito fundamental da pessoa, derivado da dignidade da pessoa humana e do direito à saúde, numa sub-categoria que, aos nossos olhos, se mostra essencial.

Para ter sucesso num pedido de imposição intencional de sofrimento emocional, a vítima deve provar que o comportamento do stalker havia sido extremamente ultrajante. É insuficiente que um autor tenha a intenção de causar grave sofrimento na vítima ou que o mesmo realmente cause tal angústia; em vez disso, uma reivindicação do sofrimento bem-sucedida requer que o sofrimento emocional da vítima tenha sido causado por con-

---

telefonema ameaçador contra a integridade da pessoa bastava para violar o estatuto de assédio.
[152] Indiscutivelmente, estes primeiros estatutos de assédio foram direccionados, em grande parte, para os danos não-emocionais, por exemplo, despertar as pessoas à noite ou impedindo-as de ser capazes de usar os seus telefones do modo como elas gostariam. De certo modo, por isso, o objectivo destes estatutos foi abordar o problema de "perturbar a paz" através de chamadas telefónicas. Contudo, os estatutos modernos re-caracterizam "aborrecimento" e "assédio" como dano emocional.
[153] Cfr. Avlana K. Eisenberg; pp. 125 – 126.

duta afrontosa do agente. Os casos de sofrimento psíquico geralmente envolvem um desequilíbrio de poder entre causador do dano e a vítima, na medida do desequilíbrio que o acto ilícito conscientemente explora e a representação referente especificamente ao abuso de uma posição de autoridade como um factor que poderia constituir um comportamento ultrajante.

No caso do Stalking, estamos perante um crime em que a inclusão da integridade emocional e psíquica são resultado da conduta exigível pelo agente. Ao fazê-lo, partimos da abordagem tradicional, implícita do direito penal à emoção da vítima e que, portanto, traz para o âmbito da actividade criminal uma série de comportamentos que, de outra forma, não constituiriam uma conduta criminosa.

A principal justificação para a inclusão do bem da integridade psíquica sustenta-se no entendimento de que a afectação emocional é intrinsecamente prejudicial e, portanto, digna de atenção. Centramo-nos na remodelação das normas sociais para dar credibilidade à perturbação emocional, com base no entendimento de dano emocional como não menos lesivo do que os danos físicos. De acordo com esta premissa, é crucial educar a sociedade e mudar as normas sociais, para que a integridade psíquica seja entendida como uma "entidade" autónoma da física, inserindo-se as duas no direito à saúde. Esse raciocínio baseia-se na literatura psicológica que afirma a primazia das emoções e da interconexão entre mente e corpo. Vários estudos[154] têm demonstrado uma ligação entre o bem-estar físico e emocional, inferindo que o *stress* psicológico pode levar a uma ofensa à integridade física e/ou doença física[155].

---

[154] "(...) quando o indivíduo se depara com certas situações difíceis/ameaçadoras, o organismo fica em estado de alerta, pois de certa forma, o seu equilíbrio é abalado e precisa ser recuperado e, para que haja novamente o equilíbrio o organismo passa por uma adaptação que vai desgastá-lo ou stressa-lo. Toda vez que o organismo sofre um desequilíbrio interno, seja devido ao preparo para a luta ou por outra razão, a pessoa tenta automaticamente recuperá-lo através de uma adaptação. Sempre que isso ocorre a energia adaptativa é utilizada. A energia adaptativa de cada pessoa é limitada; por isto é que quando o desequilíbrio é crónico ou intenso e grande parte da energia adaptativa da pessoa é utilizada, um desgaste físico e/ou mental ocorre gerando envelhecimento precoce, uma série de doenças e até a morte. (...), cfr. LIPP et al, 1998, p. 27. A este respeito, ver ainda Mester et al., 2006; Purcell et al., 2009; Dougall&Baum, 2001.

[155] O exemplo mais notório, e extremista, desta conexão prende-se com o suicídio da vítima motivado pelo *stress* e ansiedades originados pela constante sensação de medo provocada

Os ordenamentos jurídicos, nomeadamente o Português, tendem a não criminalizar a integridade psíquica explicitamente através de elementos de agressão emocional, com o fundamento de que isso seria apto a violar várias considerações do núcleo substantivo da lei penal. Em primeiro lugar, o sofrimento emocional é difícil de definir, sendo ainda mais complexa a questão de prever uma forma apta a fornecer informação adequada. Em segundo lugar, a criminalização da inflicção de sofrimento emocional conflitua com a liberdade de expressão e uma distinção fortemente vincada entre discurso e conduta. Em terceiro lugar, a falta de consenso social poderia comprometer a previsão da integridade psíquica devido à discordância cultural existente sobre os tipos de conduta que emocionalmente afectam a pessoa razoável. Por último, a criminalização destes danos agravaria as preocupações existentes sobre a aplicação díspar e estereotipada efectuada por actores da justiça criminal.

Entender-se-ia que esta previsão violaria o aviso prévio aos arguidos, a liberdade de expressão, o consenso social e igualdade, entre outros valores. Contudo, há a necessidade de tentar encontrar-se um equilíbrio de valores e uma conciliação de direitos, tentando proteger a integridade psíquica, ainda que esta possa parecer limitadora de alguns outros direitos, devendo, no caso concreto, ser feita uma ponderação de direitos que permita a não limitação de nenhum deles. Impõe-se a inclusão deste bem jurídico, tendo em conta a sua relevância na vida em sociedade, o que pode não significar, necessariamente, a violação dos direitos *supra* identificados.

Note-se que não devem considerar-se casos de dano psíquico quando os eventos ocorridos durante as condutas ilícitas, em concreto o Stalking, agravam, aceleram ou evidenciam uma doença já existente na pessoa alvo. Apenas podemos considerar haver este dano quando as condutas constituem a verdadeira causa das lesões emocionais na vítima.

Por último, no que respeita à prova, alguns ordenamentos jurídicos, nomeadamente a jurisprudência Italiana, têm entendido pela desnecessidade de provar o dano psíquico. Vejamos então: Em 2014 o Supremo Tribunal de Justiça[156] entendeu que seria considerado suficiente, para efeitos pelo Stalking.

[156] Acórdão do Supremo Tribunal de Justiça Italiano (Corte di Cassazione); Cass. sent. n. 20531 del 19.05.2014.

da condenação de um homem que assombrou sua ex-companheira, a evidência do Stalking fornecida através do testemunho de outras pessoas, as histórias das vítimas e os registos telefónicos das chamadas que ele, repetida e insistentemente efectuou. Para obter uma ordem contra o agente, foi simplesmente fornecida a prova destes comportamentos, considerados aptos para originar um estado de ansiedade e medo na vítima, medo pela sua segurança ou a de um parente próximo e vontade para mudar os seus hábitos diários. Por conseguinte, o tribunal entendeu que as condutas perpetradas resultaram numa destabilização de serenidade psicofísica da vítima. A este respeito, deve a vítima fornecer provas, por exemplo, de perseguição, telefonemas, mensagens ou e-mail, visitas indesejadas persistentes (possivelmente até mesmo à família da vítima). A vítima tem que provar os factos intrusivos e repetidos perpetrados pelo agente e capazes de gerar ansiedade, desconforto e medo, **não exigindo prova do próprio desconforto clínico**. Noutro caso[157], o tribunal entendeu que, para provar o Stalking, a vítima não precisara de provar a sua destabilização psíquica com certificados médicos do seu estado de ansiedade e medo provocados pelo autor. A prova pode ser facultada através dos depoimentos de testemunhas que presenciaram os incidentes de perseguição, a exibição de mensagens e e-mails ameaçadores, os registos de ligações telefónicas, gravações de telefonemas, etc...Não foi necessário fazer prova de perturbação do estado psicológico que a conduta do agente provocou na vítima. Portanto, não é obrigatória a apresentação de documentação médica que ateste os danos psicológicos da vítima e do nexo de causalidade entre estes e a perseguição repetida do stalker.

Contudo, permita-se-nos discordar desta orientação. No nosso entender, a prova do dano psicológico sofrido pela vítima é da maior relevância no que respeita ao Stalking, essencialmente por uma questão de honestidade intelectual, mas também para a celeridade processual[158]. Através de perícias que permitam assegurar que a vítima padece de algum problema psíquico, após determinação e avaliação do nexo causal entre o facto e o resultado, é possível avaliar se houve um dano real e efectivo que deve

---

[157] Acórdão do Supremo Tribunal de Justiça Italiano (Corte di Cassazione); Cass. sent. n. 41461 del 19.07.2012.
[158] Este princípio, servindo interesse comum ao da economia processual, revela-se na necessidade de organização do processo para que chegue ao seu termo tão rapidamente quanto possível.

ser tido em conta como meio de prova no processo que, tendo em conta a abstracção deste crime, por vezes se pode tornar nebulosa. Apesar do medo dever ser avaliado através do padrão de "pessoa razoável" nas circunstâncias da vítima, há uma comprovação fortalecida com a prova dos danos sofridos.

2) PERTURBAÇÃO DA VIDA PRIVADA

Não obstante entendermos que o bem jurídico-penal, que mais adequadamente se coaduna com o Stalking, é a integridade psíquica, como *supra* exposto e defendido, evidenciaremos o bem jurídico que, na generalidade dos ordenamentos jurídicos, tem sido considerado objecto de tutela na criminalização do Stalking. Estamos a referir-nos à perturbação da vida privada e incidiremos na análise do bem jurídico protegido na Europa.

Na Dinamarca, o Código Penal (Straffeloven) faz referência à violação da paz social de uma pessoa (§265[159]). Na Bélgica, o Código Penal considera que há Stalking quando exista perturbação da paz e tranquilidade das vítimas (art. 442[160]). Na Holanda, o crime está definido como consistindo na violação da privacidade e na instigação de medo na vítima (art. 285 b[161]). Na Áustria, o elemento essencial da infracção é representado pela invasão da privacidade da vítima (art. 107 a[162]). No STBG (Código Penal

---

[159] "Any person who violates **the peace of some other person** by intruding on him, pursuing him with letters or inconveniencing him in any other similar way, despite warnings by the police, shall be liable to a fine or to imprisonment for any term not exceeding 2 years. A warning under this provision shall be valid for 5 years" ("Violating peace of some other person" may imply threatening, dishonouring, intruding, but it may also imply continuous unwanted attention, e.g. frequently sending unwanted flowers), (negrito nosso); cfr. Modena Group on Stalking, op.cit.

[160] Belaging: "He, who has belaged (harassed) a person, while he knew or should have known that due to his behaviour he would severely **disturb this person's peace**, will be punished..." (negrito nosso); cfr. Modena Group on Stalking, op.cit.

[161] "Belaging": "He who unlawfully, repeatedly, wilfully intrudes upon a **person's privacy** with the intent to force that person to do something, to refrain from doing something or **to instigate fear in that person** will be punished as guilty of belaging to a prison term with a maximum of three years or a fine of the fourth category. Prosecution can only occur at the request of the person against whom the crime was committed." (negrito nosso); cfr. Modena Group on Stalking, op.cit.

[162] "The penal law criminalises four different forms of persistent pursuit, 1.seeking the victim's proximity; 2. getting in touch with the victim by way of telecommunications, by using other

Alemão[163]), o bem jurídico não está totalmente claro, podendo o mesmo ser a liberdade pessoal. O Código Penal Italiano, no seu artigo 612-bis[164], protege a ordem/paz pública.

---

means of communication or via third person; 3. ordering goods or services for the victim by using his or her personal data; 4. prompting others to contact the victim by using his or her personal data. If these acts happen unlawfully and are in addition likely to infringe upon **private life of the victim**, imprisonment up to one year may be imposed on the perpetrator." (negrito nosso); cfr. Modena Group on Stalking, op.cit.

[163] "If someone is harassing a person in an unwarranted way by 1. seeking out physical proximity; 2. using telecommunications or other instruments of communication or using third parties to get in contact; 3. using her personal data improperly to order goods or services in her name or prompting third parties to get in contact with her; 4. threatening life, physical integrity, physical health of freedom of her or of persons close to her; 5. acting in a comparable way and impacting her personal freedom in a severe way will be punished with a prison sentence of up to 3 yearsorby fine."; cfr. Modena Group on Stalking, op.cit.

[164] "Salvo che il fatto costituisca più grave reato, è punito con la reclusione da sei mesi a cinque anni chiunque, con condotte reiterate, minaccia o molesta taluno in modo da cagionare un perdurante e grave stato di ansia o di paura ovvero da ingenerare un fondato timore per l'incolumita' propria o di un prossimo congiunto o di persona al medesimo legata da relazione affettiva ovvero da costringere lo stesso ad alterare le proprie abitudini di vita. La pena è aumentata se il fatto è commesso dal coniuge, anche separato o divorziato, o da persona che è o è stata legata da relazione affettiva alla persona offesa ovvero se il fatto è commesso attraverso strumenti informatici o telematici. La pena è aumentata fino alla metà se il fatto è commesso a danno di un minore, di una donna in stato di gravidanza o di una persona con disabilità di cui all'articolo 3 della legge 5 febbraio 1992, n. 104, ovvero con armi o da persona travisata. Il delitto è punito a querela della persona offesa. Il termine per la proposizione della querela è di sei mesi. La remissione della querela può essere soltanto processuale. La querela è comunque irrevocabile se il fatto è stato commesso mediante minacce reiterate nei modi di cui all'articolo 612, secondo comma. Si procede tuttavia d'ufficio se il fatto è commesso nei confronti di un minore o di una persona con disabilità di cui all'articolo 3 della legge 5 febbraio 1992, n. 104, nonché quando il fatto è connesso con altro delitto per il quale si deve procedere d'ufficio."

Também em Portugal, nos escassos debates jurídicos sobre a problemática, encontramos orientação no sentido de proteger o bem jurídico da vida privada, doutrinária[165] e jurisprudencialmente[166].

Contudo, não nos podemos conformar com esta previsão, uma vez que consideramos o Stalking muito mais gravoso do que aquilo que aparentemente possa parecer. Deste modo, não consideramos suficiente a simples consideração de que o ilícito apenas é ofensivo da vida privada e da liberdade pessoal. O Stalking integra um conjunto incalculável de ofensas, aos mais variados níveis, sendo ponto comum a todas elas a saúde psíquica da vítima. Assim, parece-nos que este bem-jurídico consegue integrar as ofensas provocadas a todos os outros, de uma forma global, havendo,

---

[165] Vejamos, neste sentido, **Nuno Luz**, 2012, p.40, que esclarece "O fundado receio de risco de vida comporta a mesma violação do bem jurídico do crime de ameaça constante no artigo 153.º do Código Penal, pelo que consiste na multiplicidade de situações em que a vítima vê a sua vida ameaçada através de violência física, psicológica, verbal ou sexual. A perturbação da vida privada diz respeito aos bens jurídicos protegidos constitucionalmente no artigo 26.º da Constituição Portuguesa. O elemento objectivo do tipo não se esgota no mesmo elemento de condutas presente no crime de devassa da vida privada (artigo 192.º CP), no referente à alínea c) número 1 desse artigo. Para além da observação ou auscultação de modo dissimulado e em lugares privados, importa também: v.g. a presença reiterada nos mesmos sítios da vítima; a súbita aquisição dos mesmos hábitos quotidianos da vítima; a intromissão por parte do agente, de qualquer forma e sem solicitação, nas relações sociais da vítima."; e **Manuel da Costa Andrade**, Comentário Conimbricense do Código Penal, pp. 1007, ao entender "Nada, por seu turno, menos unívoco e consensual do que a identificação do *bem jurídico* típico, de entre o longo espectro de valores ou interesses inscritos no halo de protecção de normas pertinentes. Um problema que conhece praticamente tantas respostas quantas vozes que sobre ele se pronunciam. Se uns privilegiam a *reserva da vida privada* (LACKNER/ KÜHL) e outros a *paz jurídica individual* (MEYER, 284; MITSCH, 1238; GAZEAS 297), outros ainda põem a tónica na liberdade de conformação da vida (Lebensgestaltung) (FISHER, § 238 2).".
[166] Cfr. **Ac. TRP de 07-11-2012** que refere: "Contudo, com a Lei nº 59/2007, que acrescentou ao nº 2 do citado artigo o telefonema para o telemóvel com a intenção de perturbar a paz e o sossego de outra pessoa, descentrou-se a tutela penal do espaço físico do domicílio para a estender ao espaço físico onde tal pessoa se encontre, com vista a abranger as condutas conhecidas por stalking, conforme anota Paulo Pinto de Albuquerque, no Comentário do Código Penal, na página 512. Na verdade, o comportamento do arguido é susceptível de se enquadrar numa situação de Stalking, forma de violência já criminalizada autonomamente em vários países, em que o sujeito activo invade repetidamente a esfera de privacidade da vítima, empregando tácticas de perseguição e diversos meios, tais como ligações telefónicas, envio de mensagens, espera nos locais de maior frequência, dos quais podem resultar danos à integridade psicológica e emocional da vítima e restrições à sua liberdade de locomoção, face à angústia e temor que tais comportamentos provocam.".

contudo, possibilidade de violar bens-jurídicos específicos, podendo ser depois tutelados numa agravação do resultado ou na sequência de um concurso de crimes.

O Stalking é mais que a perturbação da vida, que um incómodo e perda de auto determinação quotidiana. A nosso ver, se se tratasse apenas de meros incómodos, dispensava-se a necessidade de tipificação, na medida em que outros tipos legais estariam aptos a dissipar a problemática. Destarte, o Stalking é violador do mais profundo bem da pessoa, o mais difícil de detectar e ainda mais complexo de resolver, motivo pelo qual nos orientamos para a protecção do psíquico como elemento essencial da pessoa humana.

No que se refere ao disposto no art. 190.º do nosso CP, o que está em causa é a intenção de perturbar a vida privada, a paz e o sossego de outra pessoa, o que não sucede, de forma exclusiva, na figura do Stalking. Nesta, o agente pretende incluir-se na vida da vítima, fazer parte do seu quotidiano, induzir-lhe medo e terror para que a mesma altere as suas rotinas; isto é, a intenção primordial não é a de perturbar a sua vida privada, mas sim afectar o seu psicológico que, consequentemente, afectará a sua vida privada e a sua paz.

Certo é que algumas das condutas praticadas pelo stalker, se analisadas individualmente, podem considerar-se como perturbadoras da paz e do sossego, nomeadamente no que respeita ao contacto telefónico[167]. Efectivamente, o Stalking caracteriza-se por um sequência de actos intrusivos que, não se podendo avaliar autonomamente, e para uma eficaz protecção da vítima, se devem analisar como um todo que, no seu conjunto, provoca

---

[167] A este respeito, a titulo de exemplo, entendeu o TRC, em acórdão datado de 18-06-2014, "Na mesma pena incorre quem, **com intenção de perturbar a vida privada, a paz e o sossego de outra pessoa, telefonar para a sua habitação** - e, posteriormente, com acrescentamento ao mesmo da expressão «ou para o seu telemóvel» através da Reforma de 2007, o legislador quis abranger todas as formas possíveis de comunicação tecnicamente permitidas através de telefone, sejam fixos ou móveis, incluindo a palavra escrita para os telefones móveis, que com a sua recepção emitem um som de aviso. 2. Uma vez que «telefonar» significa comunicar pelo telefone e que resulta dos factos dados como provados que o arguido, a partir do seu telemóvel enviou para o telemóvel do ofendido, as mensagens cujo teor consta da mesma factualidade, e que ao assim actuar quis e conseguiu perturbar a vida privada, a paz e o sossego do ofendido, conhecendo e querendo a realização daqueles factos antijurídicos e agindo com consciência da ilicitude, preencheu com a sua conduta todos os elementos constitutivos dos crimes de perturbação da vida ." (negrito nosso).

danos mais gravosos do que, obviamente, cada acto isolado. O objectivo do stalker é monopolizar a vida da sua vítima, tornar a aparência de que está, ou pode estar, em todo o lado e tem capacidade de afectar tudo o que à vítima diga respeito. Desta forma, não nos parece conveniente que o bem jurídico que possa estar em questão seja o da perturbação da vida privada, tendo em conta que esta é apenas uma das dimensões afectadas por este novo crime. A par da perturbação da vida privada, da paz e do sossego, teremos outros bens jurídicos afectados pelo Stalking, nomeadamente a vida, a integridade física, a honra, etc...

Como já debatemos, devido à multiplicidade de bens jurídicos que este conjunto de factos é capaz de ofender, parece-nos que a integridade psíquica é o mais afectado devido, essencialmente, a dois motivos. Em primeiro lugar, porque todo e qualquer acto perpetrado pelo agente tem apetência para provocar danos psicológicos na vítima, ainda que não seja esse o objectivo, tornando-se, abstractamente, o bem jurídico comum a todas as ofensas. Em segundo lugar, e não menos relevante, porque o autor age com intenção de provocar o medo e o terror na vítima. Ou seja, o agente de Stalking tem como objectivo primordial a afectação psíquica da sua vítima, ainda que isto derive de variados motivos.

VII. TIPO DE ILÍCITO SUBJECTIVO

O dolo, representação e vontade psicológica da realização do facto, do tipo ou da factualidade típica é o elemento subjectivo que abrange todos os elementos objectivos específicos.

No que respeita ao tipo de ilícito subjectivo encontramo-nos perante crime doloso[168]. Assim, "Uma conduta humana só revelará para feitos de punibilidade se o facto praticado pelo agente for produto da sua vontade ou se, no mínimo, for produto de uma violação de um dever de cuidado por parte daquele mesmo agente. Só se as condutas descritivas no tipo objectivo forem realizadas com dolo ou com negligência."[169]. **O dolo é a consciência e vontade de praticar certo facto típico, ou de empreender certa actividade típica.**

Para a realização do crime não basta que o agente realize uma acção (conduta típica) que cause (relação de causalidade) um dano ou perigo de dano (resultado). Todos esses elementos são objectivos, descritivos, ou seja, pertencem à realidade exterior. É preciso também a existência de um elemento subjectivo, ou seja, o agente, para ser responsabilizado, deve actuar

---

[168] A este propósito, TAIPA DE CARVALHO esclarece que "Quando se fala em tipo subjectivo de ilícito, tem-se em conta o crime doloso, e não o crime negligente. A razão é simples e natural: caracterizando-se o crime negligente pela causação de um resultado jurídico--penalmente desvalioso, devido a descuido ou desatenção do respectivo agente, obviamente que no respectivo tipo de ilícito não há lugar para qualquer intenção ou motivação do agente relativamente ao facto praticado.", cfr. Américo Taipa de Carvalho; 2008; p.277.

[169] Cfr. Diana Catarina Moreira Pinhal, 2014, p.55.

com dolo (intenção de cometer o crime) ou culpa (provocação do resultado por motivo de desobediência a um dever de cuidado).

Aqui não se levantam quaisquer divergências, sendo unanimemente aceite que o crime de Stalking só pode ser cometido dolosamente, podendo o dolo revestir qualquer forma[170], sendo necessário apenas que o agente conheça a relação subjacente à incriminação e tenha conhecimento e vontade de praticar a conduta, quando os comportamentos que o integram traduzirem um crime formal, e o resultado, quando configurarem um crime material, ou seja, o dolo do agente é variável consoante as condutas que preenchem o tipo objectivo do ilícito.

Acresce que, além do dolo do facto, existem em muitos tipos legais elementos subjectivos específicos (ex.: intenção/motivação) diferentes da intenção do dolo directo. Assim, nestes, são os motivos que levaram à prática do facto que relevam, e não a representação de, por exemplo atirar uma faca, bem sabendo que esta conduta é adequada a provocar a morte ou a ofensa à integridade física. A diferença encontra-se no elemento interior, a intenção subjectiva.

A infracção integra ainda um elemento subjectivo específico: **a intenção**[171]. A realização das condutas está subordinada a um determinado rumo

---

[170] Sobre as espécies de dolo, vide EDUARDO CORREIA, Direito Criminal, I, Coimbra, Almedina, 1971, pp. 367-387; TAIPA DE CARVALHO, Direito Penal...cit., pp. 325-326; TERESA BELEZA, Direito Penal...cit., pp. 205-208; GERMANO MARQUES DA SILVA, Direito Penal Português, Parte Geral, II, Teoria do Crime, Lisboa,Verbo, 1998, pp. 165-167.

[171] "A maioria especifica o seguinte requisito de intenção: a intenção de aterrorizar, intimidar, ameaçar, assediar, irritar, ou ofender. De particular importância é o abismo que existe entre a intenção de causar medo e intenção de irritar ou ofender. Enquanto os primeiros estatutos de Stalking se assemelhavam a estatutos de assédio tradicionais, na medida em que exigiam que o arguido pretendesse colocar a vítima com medo de lesões corporais ou morte; muitos estatutos CIED eliminaram este requisito. Além disso, enquanto alguns Estados exigem intenção específica de o arguido intimidar ou aterrorizar a vítima a fim de condenar ao abrigo de um estatuto CIED, outros não exigem prova de que o agente tinha a intenção de causar qualquer dano, desde que a intenção de este de cometer o acto que resultou em danos emocionais à vítima. Uma formulação de intenção geral é cada vez mais comum e favorecida pelo modelo de código Stalking do NCVC. O NCVC "recomenda que os estados devam incorporar uma exigência de intenção geral para o respectivo Stalking, em vez de uma exigência de intenção específica.". A exigência de intenção geral no NCVC varia de intencional para proposital para se referir à conduta; o que unifica estes estatutos, no entanto, é que não há nenhuma exigência de que a intenção de causar o dano emocional (ou outro) à vítima. Assim, enquanto a conduta deve ser intencional, o objectivo específico de causar o sofrimento emocional vítima não precisa de ser."; cfr. Avlana K. Eisenberg, p. 132.

da vontade do agente. Geralmente, a intenção pode adoptar duas configurações: intenção geral ou intenção específica. A primeira refere-se às situações em que o stalker tem o propósito de praticar aquelas acções, não pretendendo, contudo as consequências 'típicas' das mesmas. Por outro lado, quando se fala de intenção específica[172] o stalker tem a intenção de causar uma particular reacção na vítima, como medo pela sua segurança ou pela de outrem. Isto é, o agente do crime opera com intenção geral quando pretende as acções típicas próprias do crime, não ambicionando, necessariamente, o resultado típico que as mesmas provocam, não tendo de ficar provado que o stalker se destina às consequências das suas acções. Por outro lado, quando actua com intenção específica exige-se que haja a intenção de provocar o resultado típico da sua acção (normalmente o medo na vítima).

No nosso ordenamento jurídico, entendemos que o género de intenção que deve ser acolhida é a **intenção geral**[173]. Assim, mesmo que o agente não pretenda provocar instabilidade psíquica na vítima, essa foi a consequência das suas condutas. Ou seja, mesmo não havendo esta intenção específica, houve um nexo causal entre a prática das acções e o resultado produzido, devendo o agente ser punido a esse título[174].

---

[172] "Convicção em relação a um crime que envolve um elemento de intenção específica requer que o Estado prove que o arguido possuía a intenção de cometer algum outro acto, ou destinados alguma consequência adicional, ou destinado a alcançar algum propósito adicional, além da conduta proibida em si.", de acordo com a definição de *American Jurisprudence second edition of Criminal Law*.

[173] Assim, "Onde um determinado crime requer apenas uma exibição de intenção geral, a acusação não precisa de provar que o acusado destina o dano preciso ou resultado preciso, que resultou dos seus actos. Para os crimes intenção geral, a intenção criminosa necessária para sustentar uma condenação é mostrada pelos actos que sejam declarados criminais; o elemento de intenção presume-se a partir de acções de que constituem o crime.", The Model Stalking Code,

[174] Também neste sentido, o Tribunal do Estado de Iowa no caso STATE OF IOWA V. NEUZIL entendeu que a escolha legislativa de intenção geral, ao invés da intenção específica, reflecte políticas públicas, isto é, de prevenção geral na comunidade. Assim, "Os comentadores têm interpretado o Código Modelo para conter uma disposição de intenção geral ... os stalkers podem sofrer de um distúrbio mental que os leve a acreditar que a vítima vai começar a devolver os seus sentimentos de amor ou afecto ... Os formuladores do Código Modelo acreditam que o comportamento do assediador, ao invés de sua motivação, deve ser o factor mais significativo na apresentação de queixa. A exigência da intenção geral do Código Modelo detém o agressor responsável pelo seu comportamento intencional se, no mínimo, ele deveria saber que suas acções provocariam medo na vítima ... Ao colocar o foco no comportamento do assediador,

Perante isto, a problemática surge em determinar a relação que é necessária existir entre o resultado típico e a conduta do agressor para que se possa atribuir o resultado à acção, de forma a poder aferir-se se o agente praticou o ilícito e, consequentemente, avaliar a culpa do mesmo.

Assim, com base na TEORIA DA CAUSALIDADE ADEQUADA, "(...) um resultado só deve ser imputado a uma acção, quando esta for considerada, segundo as regras da experiência, idónea (adequada) a produzir o resultado ocorrido."[175]. Entende-se que esta teoria está patente no nosso Código Penal, no número 1 do artigo 10º, onde se estatui que "Quando um tipo legal de crime compreender um certo resultado, o facto abrange não só a acção adequada a produzi-lo como a omissão da acção adequada a evitá-lo.".

Por outro lado, também conseguimos enquadrar a problemática relativa à intenção na TEORIA DA CONEXÃO DO RISCO, defendida no nosso ordenamento por Figueiredo Dias. De acordo com esta teoria, haverá imputação do resultado à acção quando o agente tenha criado um risco não permitido ou aumentado um risco já existente e, com esse risco, tenha conduzido à produção do resultado concreto[176].

Muitas legislações assentam na premissa de que uma pessoa apenas é criminalizada se praticar a conduta com a intenção de causar medo, apreensão ou dano mental à vítima. Contudo, esta intenção mostra-se difícil de provar.

Ainda assim, partilhamos do entendimento de que o Stalking deve ser visto como uma combinação de todos os elementos, e não somente a intenção de provocar medo, devendo este último ser conjugado com as acções praticadas e as consequências concretas na esfera da vítima, descodificando as intenções do agente através da inferência do caso concreto e da personalidade do agente[177].

---

o Código Modelo efectivamente elimina a possibilidade de que um stalker se defender alegando que não tinha a intenção de causar medo na vítima, mas, ao invés, de expressar os seus sentimentos e opiniões."; cfr. Christine B. Gregson; 1998; 244-45.

[175] Cfr. Américo Taipa de Carvalho; 2008; p. 305.

[176] "(...) o resultado só deve ser imputável à acção quando esta tenha **criado** (ou aumentado, ou incrementado) **um risco proibido** para o bem jurídico protegido pelo tipo de ilícito e **esse risco se tenha materializado no resultado típico**.(...), cfr. Figueiredo Dias, 2007, p.331.

[177] A este respeito, é essencial determinar o perfil do agente de modo a que se possa fazer uma melhor interpretação dos casos. Vejamos, no que concerne ao *profiling*, este "(...) refere-

No que respeita à prova, vislumbramos três formas das quais pode o Ministério Público fazer prova relativamente à intenção de praticar o ilícito em debate. Primeiramente, demonstrando que o agente realmente tinha a intenção de causar tal dano, ou de despertar tal apreensão ou medo na pessoa alvo. Em segundo lugar, demonstrando que o agente sabia que a prática de um curso de condutas desse carácter seria susceptível de causar tal dano, ou de despertar tal apreensão ou medo. Por último, provando

-se à aplicação das concepções da psicologia na investigação criminal, aceite no domínio da psicologia forense, já desenvolvida e utilizada por numerosos psicólogos forenses em vários países. De acordo com Spitzer, o *profiling* consiste numa competência de perícia forense pluridisciplinar que se consolida com o desenvolvimento de outras áreas, designadamente: a criminologia, a psicologia, a psiquiatria, a criminalística e qualquer outra ciência humana necessária na investigação criminal (antropologia, geografia, sociologia). O processo de inferência das características de indivíduos responsáveis por actos criminais diz respeito à noção de *profiling*, que é uma das subcategorias das técnicas de investigação criminal e que faz a correspondência entre a personalidade e o comportamento criminal. Embora se trate de um modelo de predição recente e em desenvolvimento, o objecto e a função desta técnica supõe a compreensão do criminoso e do crime. O *profiling* consiste num processo de análise criminal que associa as competências do investigador criminal e do especialista em comportamento humano. Trata-se de uma perícia pluridisciplinar, logo, dificilmente um só indivíduo pode pretender reunir tais características. O *profiling* é uma das componentes da análise criminal, mas também funciona como seu prolongamento. Enquanto componente é, muitas vezes, conceptualizada pelo termo *Criminal Investigative Analysis (CIA)* e definida como a tentativa para estabelecer hipóteses acerca de um criminoso, com base na análise da cena do crime, da vitimologia e do estado actual dos conhecimentos sobre os agressores. Enquanto prolongamento da análise criminal, o *profiling* visa elaborar o perfil criminal, pelo que recorre a análises mais específicas, tais como: criminal *profiling, offender profiling, psychological profiling, investigative profiling,* crime *scene profiling,* criminal *behaviour profiling*. Numa tentativa de definição mais lata, o *profiling* consiste em deduzir e/ou induzir a imagem psicossocial, o mais rigorosa possível, de um indivíduo, a partir da análise de um conjunto de informações relativas às circunstâncias criminais verificadas na cena de crime e reunidas num dossier de instrução. A recolha e a inferência de dados pretendem fornecer informação específicas sobre potenciais criminosos. McCrary reforça a ideia de que *profiling* é a descrição de traços e características de um agressor desconhecido, já que se considera que qualquer comportamento reflecte a personalidade de um indivíduo. Faz questão de salientar, ainda, que as características do criminoso devem ser consideradas factores de predição, meramente indicativos, na tentativa de identificar o agressor: Em síntese, constata-se que os principais objectivos do *profiling* são orientar as investigações, com o auxílio das ciências humanas e das ciências criminais, ligar os casos, identificar crimes com as mesmas características, ajustar as estratégias ao perfil do criminoso e emitir recomendações em vários domínios da criminologia."; Cf. STJ, "Prova indiciária e as novas formas de criminalidade", p. 4; Elisabete Correia, Susana Lucas, Alicia Lamia, 595-601.

que o agente deveria ter entendido, em todas as circunstâncias particulares, que a prática dessa sequência de actos seria susceptível de causar tal dano, ou de despertar tal apreensão ou medo, e que tal prática produziria aquele resultado.

As duas primeiras alternativas olham unicamente ao estado de espírito subjectivo do agente, ou seja, se este teria efectivamente a intenção de causar o dano, medo ou apreensão, ou se sabia que tais efeitos eram susceptíveis de resultar das suas acções. Então, este elemento irá ser tido em conta, independentemente de haver ou não intenção directa nas suas acções[178]. Em contraste, a terceira alternativa é um teste objectivo. Concentra-se tanto sobre o que o acusado deveria ter entendido nas circunstâncias específicas em que o curso de conduta ocorreu, bem como sobre o efeito que as acções do acusado, na verdade, despoletaram na vítima[179]. Se se considerar que um dos dois estados subjectivos da mente estão provados, não precisa de se considerar o elemento objectivo[180]. A acusação não precisa de provar que o agente cometeu cada uma das acções individuais do Stalking com a intenção directa. É a linha de conduta que **foi cometida com essa intenção que deve ser tida em conta**[181].

Ainda no que concerne à prova da intencionalidade do agente, evidenciaremos algumas decisões jurisprudenciais de diferentes Estados dos Estados Unidos.

No caso **UNITED STATES v. CURLEY**, 2011 U.S. App. LEXIS 8442, o agente havia anexado um GPS no carro da sua esposa, violando uma ordem de protecção que o proibia de a seguir, importunar ou assediar. O arguido foi condenado por duas acusações de perseguição interestadual com a intenção de perseguir a vítima e colocá-la sob vigilância com o intuito de a intimidar e causar sofrimento emocional substancial (sob 18 USC § 2261^{a}[182]). Foi igualmente condenado por uma acusação de violação

---

[178] A este respeito: R v. Hoang, 2007, VSCA, p. 117.
[179] A este respeito: R v. Hoang, 2007, VSCA, p.117.
[180] A este respeito: Gunes v. Pearson, 1996, 89 A Crim R 297.
[181] A este respeito: Worsnop v. R., 2010, VSCA 188.
[182] "(a) Offenses. (1) Travel or conduct of offender.— A person who travels in interstate or foreign commerce or enters or leaves Indian country or is present within the special maritime and territorial jurisdiction of the United States with the intent to kill, injure, harass, or intimidate a spouse, intimate partner, or dating partner, and who, in the course of or as a result of such travel or presence, commits or attempts to commit a crime of violence against that spouse, intimate partner, or dating partner, shall be punished as provided in subsection

interestadual de uma ordem de protecção ao abrigo de 18 USC § 2.262 (a) (1)[183]. O arguido foi condenado em sessenta meses de prisão, recorrendo da decisão e argumentando que o tribunal de julgamento tinha utilizado provas inadmissíveis nos termos do Fed. R. Evid. 404 (b) para inferir a sua intenção e o medo razoável provocado na sua esposa, incluindo o abuso anterior, bem como uma paragem no trânsito, o que levou a polícia a encontrar munições, um colete à prova de balas, uma máscara de esqui e um testamento no veículo do arguido, onde deixava todos os seus pertences para seus filhos e um pedido à sua irmã para cuidar deles. A acusação fez-se valer dessa informação para inferir a intenção de assassinar a sua esposa desde que a mesma ficou com a custódia dos filhos. A segunda instância confirmou a admissão de provas acto subsequente para provar um estado de espírito e a intenção do autor. Por sua vez, o tribunal considerou que o tribunal distrital abusou do seu poder de apreciação ao admitir como prova a paragem no trânsito para inferir a intenção e, portanto, reenviou o caso para novo julgamento.

Em **STATE (ALASCA) v. DICKIE**, 2012 Alas. App. LEXIS 116, o arguido recorreu da sentença que o acusara de Stalking porque alegou que o Estado não conseguiu demonstrar que seu contacto com as vítimas era não consensual. Sob o código de Stalking do Alaska, uma pessoa comete este crime quando "actua com conhecimento de causa numa linha de conduta que, de forma imprudente, coloca a outra pessoa com medo da morte ou de uma lesão física, ou, ainda, com medo da morte ou

---

(b). (2) Causing travel of victim.— A person who causes a spouse, intimate partner, or dating partner to travel in interstate or foreign commerce or to enter or leave Indian country by force, coercion, duress, or fraud, and who, in the course of, as a result of, or to facilitate such conduct or travel, commits or attempts to commit a crime of violence against that spouse, intimate partner, or dating partner, shall be punished as provided in subsection (b).".

[183] " (a) Offenses.(1) Travel or conduct of offender.— A person who travels in interstate or foreign commerce, or enters or leaves Indian country or is present within the special maritime and territorial jurisdiction of the United States, with the intent to engage in conduct that violates the portion of a protection order that prohibits or provides protection against violence, threats, or harassment against, contact or communication with, or physical proximity to, another person, or that would violate such a portion of a protection order in the jurisdiction in which the order was issued, and subsequently engages in such conduct, shall be punished as provided in subsection (b).".

lesão física de um membro da família.". O curso de condutas é definido como "actos repetidos de contacto não consensual envolvendo a vítima ou um membro da família.". O contacto não consensual é definido como **"qualquer contacto com outra pessoa que é iniciado ou continuado sem o consentimento da pessoa, que está fora do escopo do consentimento fornecido por essa pessoa, ou que seja em violação do desejo expresso da pessoa que o contacto seja evitado ou interrompido.".** O arguido argumentou que a frase "sem o consentimento da pessoa" deve exigir um elemento de coerção ou força. Contudo, o tribunal considerou que o legislador não previu especificamente que o teor da expressão "sem o consentimento da pessoa" incluía um elemento de coerção ou força. Portanto, a intenção legislativa foi a de não exigir força ou coerção como parte da definição de contacto não consensual. Assim, o Estado não estava obrigada a provar que o contacto não consensual inclui um elemento de força ou coerção sob a previsão do Stalking.

No caso **PEOPLE v. CECIL**, 2012 Cal. App. Unpub. LEXIS 2906 (Califórnia), o Tribunal confirmou a condenação do arguido, fundada no crime de Stalking. O arguido foi acusado e condenado por agressão sexual da vítima. Depois de cumprir uma pena de seis anos de prisão, o agente contactou a vítima por telefone e gritou obscenidades, ameaçando matá-la por esta o ter mandado para a prisão. Consequentemente, seguiu-a e enviou-lhe uma carta de ameaça pelo correio. Sob a lei se Stalking da Califórnia, § 646,9 (a) "qualquer pessoa que...deliberadamente e maliciosamente assedie outra pessoa e que faz uma ameaça credível com a intenção de colocar essa pessoa em medo razoável pela sua segurança...é culpado do crime de Stalking....". A definição legal de "assédio" sob § 646,9 (e), é "um campo de saber e de conduta dolosa dirigida a uma pessoa específica que seriamente alarma, irrita, atormenta ou aterroriza a pessoa, e que não serve a nenhum propósito legítimo.» Sob §646.9 (f) «curso de conduta" é definido como "dois ou mais actos que ocorrem durante um período de tempo, ainda que curto, evidenciando a continuidade de propósitos." Sob §646.9 (g) "ameaça credível» inclui uma ameaça verbal ou "uma ameaça implícita de um padrão de conduta" que é "feita com a intenção de colocar a pessoa que é o alvo da ameaça com medo razoável pela sua segurança e o faz com a aparente capacidade para levar a cabo essa ameaça de modo a provocar na vítima medo razoável pela sua segurança.". **Não é necessário provar que o arguido tinha a intenção de exercer efectivamente a ameaça.** Aqui, as palavras do arguido tinham a intenção de assustar a vítima e convencê-la de que tinha a intenção de a matar porque ela o havia enviado para a prisão por violação. A vítima não ficou menos assustada pelo simples facto da ameaça de morte ter sido feita por telefone e não pessoalmente. O agente sabia onde a vítima vivia e como encontrá-la. Na época da ameaça, a vítima não sabia que o agente estava fora do Estado. Assim, a ameaça do agressor transmitiu uma perspectiva imediata de execução. A condenação por Stalking foi, assim, mantida[184].

O caso **PEOPLE v. CRIGLER**, 2011 Cal. App. Unpub. LEXIS 5420, evidencia uma situação em que o agente, repetidamente, enviava à sua ex-namorada mensagens de texto que a assustavam e lhe causavam medo pela sua vida e segurança. Ele foi acusado de perseguição sob Pen. Código § 646,9 SUBD.(A) e condenado a dois anos de prisão. No entanto, recorreu e argumentou que as provas eram insuficientes para sustentar a sua convicção. Em particular, alegou que não tinha feito qualquer ameaça credível com a intenção de colocar a vítima num estado de medo razoável pela sua segurança. A Secção do Código Penal 646,9 define «ameaça credível» como uma ameaça verbal ou escrita, incluindo a realizada através da utilização de um dispositivo de comunicação electrónica com declarações proferidas com a intenção de colocar a pessoa que é alvo da ameaça com medo razoável pela sua segurança. Além disso, **a intenção pode ser inferida a partir de provas circunstanciais**. Embora o arguido tenha caracterizado os seus textos como um comportamento meramente irritante ou bizarro, que não consubstanciava uma ameaça credível, o tribunal discordou, considerando a história violenta do arguido com a vítima, a aterrorização dos seus filhos e as mensagens de texto ameaçadoras seriam aptos para inferir uma ameaça credível e a sua intenção. O segundo argumento apresentado pelo arguido prendeu-se com a inadmissibilidade da evidência da sua história anterior de violência com a vítima. Sob *"Evidence Code"* Secção 1101, subdivisão (a), a evidência de uma conduta anterior da pessoa é geralmente inadmissível para provar a conduta da pessoa em certa

---

[184] Ver também People v. Carron (1995) 37 Cal.App.4th 1230, 1238-1240. Uma condenação sob §646.9 exige a prova de que o arguido, (1) com a aparente capacidade de cumprir a ameaça, (2), voluntariamente, de forma maliciosa e repetidamente assediar a vítima (3) com a intenção de colocar a vítima com medo razoável para a sua segurança e (4) tem, de facto, de causar na vítima temor razoável pela sua segurança " (*vide*: people v Norman (1999) 75 Cal. App.4th 1234, 1239; People v. Ewing. (1999) 76 Cal.App.4th 199, 210.).

ocasião, mas a secção 1109, subdivisão (a) (1) prevê uma excepção quando o arguido é acusado de uma ofensa que envolve violência doméstica. O tribunal determinou que a conduta anterior constituía um crime de violência doméstica como quando fez o acto de Stalking. A condenação e a sentença foram confirmadas.

Em **STATE v. BERHARDT**, 2011 Mo. App. LEXIS 249 (MISSOURI) o autor do crime foi condenado por Stalking, de forma agravada, e condenado a nove anos de prisão depois de aparecer na casa de seu médico em várias ocasiões na posse de uma arma de fogo proferindo uma ameaça credível, exibindo uma arma com a intenção de colocar o médico a temer pela sua segurança. O Stalking agravado é definido como provocando propositadamente medo ou perseguição com a intenção de assediar outra pessoa e fazer uma ameaça credível. A "ameaça credível" é definida como uma ameaça comunicada com a intenção de causar à pessoa que é o alvo da ameaça um medo razoável. O filho do médico observou o agressor no parque em frente a sua casa por várias vezes, durante a noite, sendo que, numa das noites, o viu munido de uma arma de fogo. Em sede de recurso o arguido alegou que o tribunal não poderia inferir a partir da evidência de que ele pretendia "comunicar" uma ameaça ao médico, uma vez que ele tomou uma decisão consciente de não o perturbar e nunca se introduziu na sua propriedade. O tribunal, baseando o seu raciocínio no caso Alexander v. State, 864 SW2d 354, 357 (Mo.App. 1993), concluiu que uma ameaça não precisa ser recebida directamente pelo seu destinatário, sendo suficiente que a ameaça chegue através de um intermediário. A condenação e a sentença do arguido foram (re)afirmadas.

Por último, no caso **RETTERER v. LITTLE**, 2012 Ohio App. LEXIS 108, o agente recorreu da condenação por uma ordem de protecção decorrente da prática de Stalking, com fundamento de que não havia provas suficientes para conceder a ordem. O recorrente sustentou que não havia nenhuma evidência de um padrão de conduta. A fim de obter uma Ordem de Protecção Civil para o Stalking (CSPO), a vítima deve mostrar que o agente praticou um padrão de conduta que sabia fazer com que a vítima pudesse acreditar que iria causar dano físico ou sofrimento mental. Sob o R.C. 2903.211 (D) (1), um padrão de conduta é definido como "duas ou mais acções ou incidentes intimamente relacionados no tempo, sem que tenha havido uma condenação prévia baseada em qualquer dessas acções ou incidentes.». O tribunal explicou que a expressão "intimamente relacionados no tempo" deve ser determinada numa base caso-a-caso, uma vez que não está definida no estatuto quanto tempo é razoável para se considerar uma afronta aos direitos pessoais. Ao determinar o que constitui um padrão de conduta, o juiz, de facto, deve considerar a evidência no contexto de todas as circunstâncias do caso. Portanto, dependendo do caso individual, um padrão de comportamento pode surgir a partir de dois eventos ocorridos no mesmo dia, ou pode consistir de duas ou mais acções intermitentes ou incidentes ocorridos ao longo de um período de anos. Neste caso, o padrão de conduta decorreu por um período de cinco anos. Apesar das ofensas terem sido perpetradas por um período de cinco anos, todo o contexto do caso mostrou um padrão de conduta claro que foi efectivado para causar sofrimento mental e medo de dano físico.

Após análise destas decisões, concluímos que, apesar de se vislumbrar uma extrema dificuldade na prova da intenção do agente, esta é possível de inferir através das circunstâncias concretas de cada caso e das condutas praticadas pelo agente. Sendo que a intenção só se prova, directamente, através de uma confissão por parte do autor, há, então, necessidade de criar meios de interpretação de condutas que permitam inferir as intenções.

Contudo, tendo em conta que seguimos a orientação pela intenção geral, esta prova mostra-se menos complexa. Ainda assim, sendo que a actividade probatória é constituída pelo complexo de actos que tendem a formar a convicção do tribunal, na formação desta convicção intervêm provas e presunções, onde as primeiras constituem instrumentos de verificação directa dos factos ocorridos e as segundas permitem estabelecer a ligação entre o que temos por adquirido e aquilo que as regras da experiência nos ensinam poder inferir[185]. Note-se, a respeito da prova do elemento subjectivo, como o dolo e as intenções do agente, que a prova indiciária deve ser avaliada, essencialmente, através das regras da lógica formal e das regras de experiência. Refira-se, a título de exemplo, o entendimento do STJ no concernente à prova indiciária, o qual refere: "IV — A prova nem sempre é directa, de percepção imediata, muitas vezes é baseada em indí-

---

[185] "Na prova indiciária, mais do que em qualquer outra, intervêm a inteligência e a lógica do juiz. A prova indiciária pressupõe um facto, demonstrado através de uma prova directa, ao qual se associa uma regra da ciência, uma máxima da experiência ou uma regra de sentido comum. Este facto indiciante permite a elaboração de um facto consequência em virtude de uma ligação racional e lógica."; cfr. STJ, "Prova indiciária e as novas formas de criminalidade", p.1.

cios. V — Indícios são as circunstâncias conhecidas e provadas a partir das quais, mediante um raciocínio lógico, pelo método indutivo, se obtém a conclusão, firme, segura e sólida de outro facto; a indução parte do particular para o geral e, apesar de ser prova indirecta, tem a mesma força que a testemunhal, a documental ou outra.VI — A prova indiciária é suficiente para determinar a participação no facto punível se da sentença constarem os factos-base (requisito de ordem formal) e se os indícios estiverem completamente demonstrados por prova directa (requisito de ordem material), os quais devem ser de natureza inequivocamente acusatória, plurais, contemporâneos do facto a provar e, sendo vários, estar inter-relacionados de modo a que reforcem o juízo de inferência. VII — O juízo de inferência deve ser razoável, não arbitrário, absurdo ou infundado, e respeitar a lógica da experiência e da vida; dos factos-base há-de derivar o elemento que se pretende provar, existindo entre ambos um nexo preciso, directo, segundo as regras da experiência."[186]. A indagação da intenção do agente pertence ao âmbito da matéria de facto, a apurar pelo tribunal consoante prova apresentada. Como exemplo, o TRP[187] considerou "A conduta do arguido reveste-se das notas características do chamado Stalking, isto é, uma perseguição prolongada no tempo, insistente e obsessiva, causadora de angústia e temor, com frequência motivada pela recusa em aceitar o fim de um relacionamento. Este tipo de comportamento, que pode assumir maior ou menor intensidade, pode enquadrar-se no crime de violência doméstica.", acrescentando que "A conduta do arguido provocou **perigo para a saúde psíquica e emocional** da assistente e, também pelo que representa de vontade de subjugação, atingiu a sua dignidade de pessoa." (negrito nosso). Determina, então, o tribunal que "Não é, pois, necessário, para que se verifique o crime em questão, que se tenham produzido efectivos danos na saúde psíquica ou emocional da vítima; **basta que se pratiquem actos em abstracto suceptíveis de provocar tais danos**." (negrito e sublinhado nossos).

No que ao dolo específico diz respeito, é entendido pela nossa doutrina que "Preenchidos os requisitos do dolo, não é exigível para a verificação do elemento subjectivo da infracção qualquer outro requisito, designadamente que o agente tenha procedido tendo em vista certo fim ou motivo

---

[186] Ac. STJ de 11 de Julho de 2007.
[187] Cfr. Ac. TRP de 11-03-2015, proc. n.º 91/14.7PCMTS.P1.

(dolo específico), a não ser que a lei, na tipicidade, disponha de outro modo. (...) Para verificação do dolo ou intenção criminosa é necessário, por parte do agente, a prática voluntária dos factos, e o conhecimento do carácter ilícito ou imoral da sua conduta, ou que tudo se passe como se ele tivesse tal conhecimento. Este princípio de necessidade é, também, uma regra de suficiência. Em geral, o ordenamento jurídico satisfaz-se com tal conhecimento, desinteressando-se para com a existência da intenção criminosa, dos motivos do agente ou dos fins que o mesmo se propõe. Estes são, em princípio, inoperantes. Significativamente, Beleza dos Santos observou que a sociedade não pode permitir-se que, para a realização dos fins mais nobres, se utilizem todos os meios possíveis (...)"[188].

Concluindo este capítulo, como já evidenciamos, quando falamos de Stalking estamos a referir-nos a um crime doloso[189]. Estabelece o artigo 13.º do nosso Código Penal que "Só é punível o facto praticado com dolo ou, nos casos especialmente previstos na lei, com a negligência.". O Stalking integra o tipo de condutas integrantes do dolo directo (artigo 14.º/1). No Stalking não está em causa a negligência devido à circunstância de o agente ter a intenção de praticar o ilícito, não se discutindo a violação ou não de deveres de cuidado.

---

[188] MAIA GONÇALVES, 2007, p.111.
[189] "(...) dolo seria uma violação de realização do tipo objectivo, a consciência de que se realizava um tipo objectivo de ilícito-, só isto permitiria afirmar que a maior severidade com que a lei trata os delitos dolosos provém de que neles o agente sobrepõe conscientemente os seus interesses à fidelidade que deve ao direito."; Figueiredo Dias, 2007, p.350.

VIII. O TIPO DE CULPA

A culpa apresenta-se como a última categoria jurídico-penal da teoria geral do crime. Assim, a acção[190], além de típica[191] e ilícita[192], tem de pressupor a culpa do agente. "Para que haja crime é necessário que a conduta, que constitui um tipo de ilícito (seja activo ou omissivo, doloso ou negligente) possa ser consagrada, ético-pessoalmente, ao seu autor a título de culpa."[193]. Apreciar a culpa é, essencialmente, apreciar a intenção do agente.

É princípio indiscutível que não há pena, nem responsabilidade penal, sem culpa. Assim, não basta que o agente tenha cometido o tipo de ilícito, é necessária a culpabilidade do mesmo (*conditio sine qua non*), sob pena de ser absolvido ou de lhe ser aplicada uma medida de segurança. A unanimidade termina neste ponto. Quanto ao fundamento e ao papel na determinação da culpa, tudo é discutido.

O juízo de culpabilidade exige a capacidade do agente avaliar a ilicitude das condutas por si praticadas e de, mesmo assim, decidir praticá--las (cfr. art. 20.º, n.º1 do CP). Contudo, consoante a atitude do agente (de conformação ou, ao invés, de oposição perante o bem jurídico-penal) são duas as categorias de culpa: a culpa dolosa e a culpa negligente. A culpa dolosa relaciona-se com a atitude de oposição relativamente ao bem jurí-

---

[190] Conduta dependente da vontade do agente e causadora de uma modificação do mundo exterior, perceptível pelos sentidos.
[191] A tipicidade da acção refere-se à conformação objectiva coincidente com a decisão formal contida no tipo legal.
[192] A ilicitude vai de encontro a um juízo de contrariedade da ordem jurídica positiva.
[193] Cfr. Taipa de Carvalho, 2008, p.260.

dico posto em perigo pela conduta, pressupondo o dolo do facto típico, isto é, existência da representação e da vontade de realização do facto; ao passo que a culpa negligente se relaciona com o descuido na prática do ilícito, onde o agente até pode representar a possível lesão do bem jurídico, mas se conforma com a mesma. Quando nos referimos ao Stalking tratamos, à partida, da culpa dolosa, onde o agente representa as suas condutas, bem sabendo que ao praticá-las está a atingir a esfera privada da vítima e, ainda assim, tem vontade na realização das mesmas.

Tendo em conta esta concepção de culpa, torna-se compreensível a exclusão da mesma através das causas de exclusão da culpa, tradicionalmente englobadas na figura da inexigibilidade[194]. Sabendo-se que só se pode formular um juízo de censura de culpa sobre um imputável, porque as penas só se aplicam a quem seja susceptível de um juízo de censura de culpa; àquelas pessoas a quem não for susceptível formular um juízo de censura de culpa aplicam-se medidas de segurança, é nomeadamente o

---

[194] Assim, "(...) ao considerar a culpa como *censurabilidade* do facto em atenção à capacidade do agente para se deixar motivar pela norma (por ter agido ilicitamente, quando podia ter--se comportado de outra maneira), veio acentuar que aquela censura só deveria efectivar-se quando ao agente, na concreta situação, fosse exigível um comportamento adequado ao direito.", Figueiredo Dias, 2007, p. 602.

caso dos inimputáveis[195] e dos menores de 16 anos[196]. Logo, para que o juízo de culpa possa ser formulado é preciso que o agente tenha capacidade de culpa. O agente não tem capacidade de culpa se tiver menos de 16 anos, ou se for portador de uma anomalia psíquica ou de um estado patológico equiparado. Mas, para além de ter capacidade de culpa, o agente também tem de ter consciência da ilicitude do facto que pratica; e para além da capacidade de culpa e da consciência da ilicitude é preciso, para se formular sobre o agente um juízo de censura de culpa, que o agente não tenha actuado em circunstâncias tão extraordinárias que o desculpem.

No entender de Antunes Varela[197], para determinar quando pode a conduta ser considerada reprovável ou censurável é necessário, em primeiro lugar, saber quem é imputável, que requisitos são necessários para que a pessoa seja susceptível do juízo de censura ou reprovação traduzido na imputação do facto ilícito. Após a determinação da imputabilidade, importa saber se a pessoa imputável, a quem o facto é atribuído, agiu, no

---

[195] A imputabilidade é uma *conditio sine qua non* da formulação de um juízo de culpa pelo que a sua definição deve articular-se com a definição de culpa jurídico-penal. Se a culpa da personalidade é uma atitude ético-pessoal censurável e desvaliosa, a imputabilidade será a caracterização da personalidade do agente como susceptível de possibilitar a formulação pelo tribunal de um juízo de indiferença/leviandade perante o bem jurídico lesado ou posto em perigo. Assim, a inimputabilidade por anomalia psíquica pode caracterizar-se por perturbação grave da personalidade determinada por factores ou doenças biopsicológicas que impedem o juiz de afirmar a culpabilidade do agente na prática do ilícito – "obstáculo à comprovação da culpa" já que nas suas formas mais graves destrói as "conexões reais e objectivas da actuação do agente" cuja personalidade está ocultada. Note-se, ainda, que a decisão de inimputabilidade não significa a inexistência de culpa, mas antes a impossibilidade de se formular um juízo de culpa dada a opacidade da personalidade do agente, provocada pela anomalia psíquica. Cfr., a este respeito, Figueiredo Dias, pp. 560 ss.. Acresce, que "O estado mental do acusado também é significativo. Alguns stalkers sofrem de deficiências psiquiátricas ou doenças mentais, que podem resultar em episódios delirantes e reduzir sua culpa legal. Quando o acusado tem uma doença mental, um processo criminal pode ser inadequado. São menos claros os casos em que o acusado tem um transtorno de personalidade, ou problemas emocionais e comportamentais. De facto, muitos stalkers agem irracionalmente, e demonstram pouco a compreensão do efeito do seu comportamento. Vale a pena observar, porém, que a maioria dos criminosos não são psicóticos ou delirante.", cfr. Law Reform Commission; p.141.

[196] Estes agentes, menores de 16 anos, são inimputáveis pois só a partir de determinada idade é que compreendem a ilicitude dos actos que praticam; embora, em muitos casos, tais adolescentes já disponham da necessária capacidade de avaliação da ilicitude e de autodeterminação de acordo com essa avaliação, pelo que devem ser considerados imputáveis. Cfr. Figueiredo Dias, 2007, pp.594 ss..

[197] Antunes Varela, 5.ª ed.; nº142.

caso concreto, em termos que justifiquem a censura. Quer-se com isto avaliar se a pessoa podia e devia ter agido de modo diferente, e em que grau o podia e devia ter feito.

No concreto caso do Stalking, pressupondo que o agente tem capacidade de culpa, consciência da ilicitude e que aja em circunstâncias "normais", podemos afirmar que na generalidade dos casos há culpa na prática criminosa, essencialmente porque o Stalking se trata de uma prática premeditada e repetida, existindo poucas circunstâncias aptas a desculparem tais condutas.

A verdadeira questão que se levanta no caso do Stalking é a de apurar se o agente agiu com consciência da ilicitude jurídico-penal do facto. Só no domínio do erro se pode falar em falta de consciência da ilicitude[198].
Escreve Manuel Maia Gonçalves[199] "O Prof. Figueiredo Dias, local citado no n.º 1, sintetizou os momentos essenciais da sua indagação (falta de consciência da ilicitude não censurável) que lhe permitiram formular um quadro de situações de típica falta de consciência da ilicitude não censurável. Está assim arredada a orientação, perfilhada pelo C.P. de 1886, de que o erro de direito não era susceptível de afastar inteiramente culpa. Aquele Professor, a pág. 341-342 da citada obra, resumiu nestes termos o critério pessoal - objectivo de não censurabilidade da falta da consciência da ilicitude a que a sua investigação conduziu: **A.** Se lograr comprovar-se que a falta de consciência de ilicitude ficou a dever-se, directa e imediatamente, a uma qualidade desvaliosa e jurídico-penalmente relevante da personalidade do agente, aquela deverá sem mais considerar-se censurável. **B.** Se, pelo contrário, não se logrou tal comprovação, a falta de consciência da ilicitude deverá continuar a reputar-se censurável, salvo se se verificar a manutenção no agente, apesar daquela falta, de uma consciência ético-jurídica, fundada em uma atitude de fidelidade ou correspondência a exigências ou pontos de vista de valor juridicamente relevante. **C.** São, por seu turno, requisitos daquela rectitude e da respectiva atitude: 1) Que

---

[198] Estatui o art.º 17º do CP sobre a epígrafe: "Erro sobre a ilicitude" que "1. Age sem culpa quem actuar sem consciência da ilicitude do facto, se o erro lhe não for censurável. 2. Se o erro lhe for censurável, o agente é punido com a pena aplicável ao crime doloso respectivo, a qual pode ser especialmente atenuada.".

[199] Manuel Lopes Maia Gonçalves, 2007, p. 120.

a questão da licitude concreta (seja quando se considera a valoração em si mesma, seja quando ela se conexiona com a complexidade ou novidade da situação) se revele discutível e controvertida; e isto, não porque nos outros casos se pretenda reverter à velha ideia jusnaturalista do inatismo e evidência de certas valorações, mas porque a questão há-de ser uma daquelas em que se conflituem diversos pontos de vista de estratégica ou oportunidade, estas também juridicamente relevantes. 2) Que a solução dada pelo agente à questão da ilicitude corresponda a um ponto de vista de valor juridicamente reconhecido, por forma a poder dizer-se que ele conduziria à ilicitude da conduta se não fosse a situação de conflito anteriormente aludida. 3) Que tenha sido o propósito de corresponder a um ponto de vista de valor juridicamente relevante ou, quando não o propósito consciente, pelo menos o produto de um esforço ou desejo continuado de corresponder às exigências do direito, para prova do qual se poderá lançar mão dos indícios fornecidos pelo conhecimento do seu modo-de-ser ético-jurídico adquirido o fundamento da falta de consciência da ilicitude".

Na problemática do erro sobre a ilicitude, "o que está em causa é saber-se se, numa situação concreta, a pessoa tinha a obrigação de suspeitar que aquele acto realmente fosse ilícito ou lícito e, em consequência disso, intentar verificar se assim era ou não" (...), concretamente, informar-se (...). E isto porque (...) "haverá que evitar o «amolecimento ósseo» do Direito Criminal"[200].

O erro sobre a ilicitude, ou a falta de consciência da ilicitude do facto praticado, exclui a culpa quando não for censurável[201], isto é, quando não for reveladora de uma atitude ético-pessoal de indiferença, de acordo com o disposto no art. 17.º, no seu n.º 1, do nosso C.P.. Quando o erro for censurável, por ser revelador de uma atitude ético-pessoal de indiferença perante

---

[200] Cfr. Teresa Beleza in "Direito Penal", 2.º vol..
[201] "Para que possa considerar-se existente erro não censurável, para efeitos do art. 17.º, n.º 1, do CP, é necessário que resulte dos factos que o agente não tem consciência da ilicitude penal do seu acto e que as circunstâncias do caso, relativas à conduta concreta ou também ao modo de ser adquirido do agente manifestado no facto, tornem desculpável essa falta, por revelarem que o arguido manifestou o caso uma consciência ético-jurídica recta, determinante de uma atitude geral de fidelidade ao direito, só frustrada no caso por circunstâncias especiais que o fizeram errar sobre a ilicitude do seu acto, embora orientando-se por solução que, nas circunstâncias que supôs, conferiria licitude à sua conduta", cfr. Ac. STJ de 13 de Outubro de 1999, proc. 1002/98-3.ª, SASTJ, n.º 34, 70.

um bem jurídico lesado ou posto em perigo, então o agente é punido pelo respectivo crime doloso, embora possa a pena ser especialmente atenuada.

Parece-nos, após o exposto, que a única forma de se excluir a culpa por parte de um agente de Stalking será o erro sobre a ilicitude (partindo da premissa de que o agente é imputável). Todas as outras formas de exclusão da culpa, ou seja, excesso de legítima defesa, estado de necessidade desculpante, conflito de deveres desculpante e obediência indevida desculpante; não se coadunam com a *fattispecie* deste crime, devido à sua especificidade e intencionalidade.

IX. NATUREZA DO CRIME

A afirmação de determinado facto como crime implica sempre a averiguação dos pressupostos da punição criminal. Ou seja, para se dizer que se verificou um facto (ou uma conduta) susceptível de constituir crime, para lhe que seja atribuída existência jurídico-penal, o mesmo tem de ser percepcionado e recebido pelo sistema de administração da justiça penal mediante a iniciativa do desencadeamento da investigação da sua prática e, posteriormente, a decisão de o submeter, ou não, a julgamento.

Em regra, e fala-se a este propósito do princípio da oficialidade, "a iniciativa e o impulso processuais da investigação prévia e da submissão a julgamento das infracções criminais competem oficiosamente às entidades públicas a quem a lei confere o encargo daquela investigação e aos tribunais criminais"[202]. Recorrendo ao elemento racional ou teleológico e à unidade do sistema jurídico-penal, a razão de ser da distinção entre crimes públicos, semi-públicos e particulares, situa-se na graduação da respectiva gravidade, tendo em conta os interesses jurídicos violados e a necessidade de ordem pública e colectiva em os proteger. Esta distinção releva pois, concordando com o entender de Figueiredo Dias, "a existência de crimes semi-públicos e estritamente particulares serve a função de evitar que o processo penal, prosseguido sem ou contra a vontade do ofendido, possa, em certas hipóteses, representar uma inconveniente (ou mesmo inadmissível) intromissão na esfera das relações pessoais que entre ele e os outros

---

[202] Simas Santos e Leal-Henriques, 2003, p. 329.

participantes processuais intercedem"[203]. Assim, é necessário encontrar o equilíbrio entre a necessidade de respeitar a autonomia e a liberdade da vítima e a obrigação de punir comportamentos intoleráveis no âmbito das relações em sociedade.

No tipo em causa o bem jurídico essencialmente protegido deverá ser a integridade psíquica, estando na base um bem integrante da esfera estritamente individual da pessoa ameaçada (ofendida), inexistindo – mesmo quando se mostre violado sob a forma agravada – razões de ordem pública e colectiva que imponham ao ofendido o início ou continuação do procedimento penal, quando este o não queira, devendo o crime revestir **natureza semi-pública**[204]. Entendemos que o Stalking deve revestir esta natureza, não por desconsiderarmos ser suficientemente grave para ser considerado um crime público, mas devido à dificuldade de explicitação do quão intrusivos podem ser os comportamentos de Stalking. Ameaças credíveis, geralmente, são demonstradas por algum tipo de intenção em prejudicar. Estes podem variar de ameaças implícitas às ameaças explícitas que incluem provas de que o agressor pode realizar as mesmas. Muitas vezes, apenas as vítimas estão conscientes do nível de ameaça. Sem uma apreciação do contexto, os comportamentos podem ser mal interpretados. Assim, por exemplo, poderá ser complicado para uma pessoa que não a vítima, mesmo que próxima desta, perceber que comportamentos como deixar flores ou uma carta de amor possam ser malignos, pois mais facilmente vai percebê-lo como um acto romântico. Por outro lado, a vítima percebe esses comportamentos do agressor como uma ameaça, especialmente quando agregado a outros comportamentos inerentes ao Stalking. Deste modo, importa assinalar que, por vezes, a perseguição e o assédio são notados não só pela vítima, mas também por pessoas próximas, sem no entanto conseguirem avaliar esses comportamentos como potencialmente perigosos. Este facto revela-se, também, importante na medida em que o desconhecimento das dinâmicas do Stalking contribui para a desvalorização de sinais de perigo.

---

[203] Figueiredo Dias, 2005, p. 667.
[204] Corroborando com o PROJETO DE LEI N.º 647/XII, onde se prevê "Considera-se, ainda, que o crime deve assumir natureza semipública, atendendo a que, antes de mais, deve caber à vítima a avaliação concreta das condutas de assédio persistente como lesivas da sua liberdade pessoal. Daí que se exija que o procedimento criminal dependa de queixa.".

Outros países na Europa também entendem que o Stalking deve revestir a natureza semi-pública, exigindo uma queixa formal, nomeadamente, a Bélgica, a Dinamarca, a Alemanha, a Irlanda, a Holanda e o Reino Unido[205] e, em alguns casos, em Itália[206]. O crime de Stalking não assenta num menor desvalor jurídico, não devendo, por isso, revestir natureza particular; contudo, além de não ser suficientemente grave para revestir natureza pública, parece-nos difícil a observação desta prática aos olhos de terceiros. Considerar o Stalking como um crime público não faria sentido dadas as características do mesmo, pois permitir uma denúncia de terceiros não se coaduna com a tipicidade do crime, nem com a lesão do bem jurídico, e iria ser manifestamente desnecessário. O direito de queixa está reservado ao ofendido (portador do bem jurídico protegido), nos termos do artigo 113º nº1 do C.P..

---

[205] Modena Group on Stalking (Eds.), Protecting women from the new crime of stalking: a comparison of legislative approaches within the European Union. Final report. University of Modena and Reggio Emilia, 2007.

[206] Tem ainda a particularidade de poder ser promovido oficiosamente pelo Ministério Público nos casos previstos no n.º 5 do art.º 113º do Código Penal.

X. FORMAS ESPECIAIS DO STALKING

1) TENTATIVA

Para a introdução desta problemática impõe-se, inicialmente, determinar o itinerário da realização criminosa, pois neste é possível distinguir várias fases do ilícito praticado, desde que o agente decide cometer o crime até ao momento da sua realização máxima. Note-se, ainda, que nos referimos particularmente aos crimes dolosos, onde o Stalking se enquadra exclusivamente. O primeiro momento do *inter criminis* é a decisão de cometer o crime. A mera decisão de o cometer, desacompanhada da prática de qualquer acto, não tem relevância criminal, pois o mero pensamento, *per si*, não suporta pena criminal[207]. Todavia, há momentos da doutrina penal onde o juízo de perigosidade do agente tem relevância. Aliás, o fundado receio da prática de factos ilícitos pode ter relevância para a aplicação de uma medida de segurança.

O segundo momento relaciona-se com os actos preparatórios[208]. Estes actos não são punidos pois, acrescendo à inexistência de base legal, estão

---

[207] *"cogitationes poena nemo patitur"*, ou seja, as decisões não sustentam uma punição; desde logo porque existe um direito fundamental de liberdade de pensamento e não é função do direito penal moralizar os pensamentos das pessoas, sendo essa a função moral, cfr. Figueiredo Dias, 2007, p.681.

[208] Nos termos da lei, "os actos preparatórios não são puníveis, salvo disposição em contrário" (art. 21.º CP), uma vez que, do ponto de vista formal, sendo o princípio da legalidade um princípio fundamental do direito penal, os actos preparatórios, na sua generalidade, não preenchem nenhum tipo legal de crime, por falta de base legal.

estes longínquos da lesão do bem jurídico-penal e, sendo um princípio fundamental do direito penal o da *ultima ratio*, não incumbe ao mesmo a formação de pessoas, mas sim a protecção de bens jurídicos.

Seguem-se os actos de execução[209], num terceiro momento. É a partir destes que uma conduta adquire relevância criminal e que se inicia a tentativa. Um dos elementos necessários para que haja tentativa é a prática de um acto de execução e, portanto, releva para que alguém possa ser punido por um crime na forma tentada[210]. Seguindo a orientação da teoria da causalidade adequada, defendida por Eduardo Correia, acto de execução é todo aquele idóneo a causar o resultado pretendido pelo crime e violar o bem jurídico.

Por regra, o *inter criminis* termina com a consumação, ou seja, quando o agente, com a sua conduta, preenche integralmente o tipo legal de crime[211].

A tentativa exige três elementos: a decisão criminosa[212], a prática de actos de execução, e a não consumação do crime. No fundo, a tentativa corresponde à realização parcial de um tipo de ilícito e é parcial porque lhe falta a consumação. Entende-se que há ilícito subjectivo mas falta o ilícito objectivo. Contudo, partindo da premissa de que o direito penal tem como função essencial a protecção de bens jurídicos, e não havendo a efectiva violação dos mesmos na tentativa, qual é o fundamento da sua punição? A este respeito, concordamos com as teorias da impressão, que fundamentam a punição da tentativa na vontade exteriormente manifestada de violar a norma. Assim, só se pune a tentativa se e quando a actuação do agente for adequada a pôr em causa a confiança da comunidade na

---

[209] Art. 22.º do CP.

[210] "A acima mencionada definição objectiva da tentativo como prática de actos de execução de um tipo de crime tem carácter formal: quais as acções que "executam" um crime é coisa que depende, em último termo, da conformação do tipo de ilícito.", Figueiredo Dias, 2007 p.685.

[211] Note-se, contudo, no âmbito da consumação, a distinção entre consumação formal e consumação material, sendo que estamos perante a primeira quando se preenche integralmente o tipo legal de crime, preenchendo a conduta a totalidade dos elementos típicos do tipo; enquanto na segunda dá-se apenas a realização completa do conteúdo do ilícito em vista do qual foi construída a incriminação. Importa referir, a este respeito, a admissão do legislador à possibilidade de haver desistência da tentativa entre a consumação formal e a material (art. 24.º CP).

[212] A decisão criminosa em causa na tentativa pode ser imputada ao agente tanto ao nível do dolo directo como do dolo necessário ou eventual.

vigência da norma e as expectativas de segurança na comunidade, bem como a paz jurídica[213].

Concluindo, a tentativa de um crime é a execução do conjunto de actos necessários para constituí-lo que, embora suficientes, não produzem o resultado esperado por motivos alheios à vontade do agente. Então, o crime será tentado quando, iniciada a sua execução, não se reúnem todos os elementos de sua definição legal, por circunstâncias alheias à vontade do agente, o que pode ocorrer quando o agente for interrompido na sua acção (tentativa inacabada) ou quando, embora esgotada a acção típica, não se produzir o resultado (tentativa acabada). Mas, se é o próprio agente que, depois de iniciada a execução, não deseja consumar o delito, abandona a vontade de reunir todos os elementos da definição legal do crime (de materializar, no caso concreto, o tipo objectivo) é porque desiste da vontade criminosa. A desistência da vontade criminosa necessita tão-somente da interrupção da conduta (deixar de dirigir a causalidade ao alvo do resultado), no caso da tentativa inacabada. Porém, na hipótese de estar esgotada, a desistência da vontade criminal, não pode limitar-se a "desejar" que o resultado não se produza, porque o desejo não é igual à vontade: o desejo não dirige a causalidade. O simples desejo não pode fundamentar a punibilidade, mas também não pode gerar a impunidade.

Tendo em consideração o nosso entendimento de Stalking e do bem jurídico-penal essencialmente violado pela prática deste crime, entendemos que o instituto da tentativa não se pode aplicar ao nosso caso de estudo[214]. Assim, o Stalking integra um conjunto de condutas hábeis a debilitar a integridade psíquica da vítima, caracterizando-se por uma sequência de actos intrusivos. Desta feita, é um crime que não tem consumação num acto só. Cada conduta perpetrada pelo agente, *per si*, trata-se de uma tentativa de atingir a vítima, de lhe provocar terror, medo e insegurança. Tratando-se o crime de Stalking de um conjunto de tentativas que, no seu conjunto, ofendem o bem jurídico em questão (podendo, contudo, acabar por atingir outras dimensões jurídicas), não é adequado integrar a tentativa neste contexto. Neste caso, é impossível distinguir-se um *iter*

---

[213] Estas teorias surgem em resultado da combinação entre as teorias objectivas (fundamentam-se no perigo de lesão do bem jurídico) e as teorias subjectivas (fundadas na vontade delituosa, ou seja, na vontade de o agente violar a norma punitiva).
[214] Contrariamente ao entendido no PROJETO DE LEI N.º 647/XII.

criminis com fases sucessivas uma vez que a própria consumação do crime apresenta consecutivas fases, não se tratando de um ilícito de acção única.

A tentativa é a realização incompleta da figura típica. Contudo, associando o Stalking a uma sequência de condutas perpetradas pelo agente com a intenção de provocar medo e terror na vítima, o que releva quando debatemos a problemática da tentativa é se os actos praticados foram idóneos a provocar os danos psíquicos na vítima. Assim, não há necessidade que todos os actos típicos do Stalking sejam praticados para que se possa falar em consumação. É neste sentido que não fará sentido a punição da tentativa nestes crimes, devido à semelhança entre a tentativa e a consumação nestas situações em concreto, uma vez que nos encontramos perante um crime particularmente específico e, essencialmente, de execução continuada, o que não permite determinar o momento exacto da consumação. De entre a sequência de actos que o Stalking envolve, não é possível determinar qual aquele que se pode dizer que efectivamente foi o considerado momento da consumação. Entendemos que a tentativa constitui uma ampliação temporal da figura típica, que fará sentido numa série de crimes, mas não no que estudamos presentemente.

No Stalking, no máximo, podemos falar da tentativa de um tipo legal agravante ao Stalking em si. Com isto queremos dizer que, pode verificar-se a consumação da prática de Stalking, em todas as suas condutas típicas mas, posteriormente, o agente começa a agravar o seu comportamento, podendo vir a praticar actos lesivos de outros bens jurídicos, ainda que associados ao Stalking (como seja ofensas à integridade física, vida, honra, etc...). Ou seja, apesar de haver consumação do Stalking, poderá haver tentativa de homicídio, por exemplo, na sequência do crime anterior. No que respeita a esta problemática exporemos *infra* na questão do crime agravado pelo resultado e do concurso de crimes.

Assim, concluímos no sentido de não aceitar a tentativa no crime de Stalking, contrariamente a alguns entendimentos, havendo quem considere a tentativa compatível com a *fattispecie* deste crime. Vejamos, entendeu Nuno Luz que "A tentativa não é incompatível com a *fattispecie* do crime de Stalking e é punível nos termos gerais dos artigos 22.º e 23.º do CP. As condutas do agente que forem adequadas a lesar o bem jurídico tutelado pela norma incriminadora são consideradas actos de execução. Como refere PAULO PINTO DE ALBUQUERQUE "a tentativa do crime de mera actividade é punível, desde que ela se quede pela tentativa inacabada", ou seja, nos crimes de mera actividade há consumação quando se verificam as condutas tipificadas na norma incriminadora, pelo que o crime já estaria consumado se houvesse uma tentativa acabada, não se pondo assim o problema da tentativa. Importa também dizer aqui que o Stalking pode ser classificado como um crime habitual porquanto a realização do tipo incriminador supõe uma conduta reiterada, "em que cada uma das condutas isoladas perde a sua autonomia para efeitos punitivos"."[215]. Entendemos, perante o exposto, que precisamente por se tratar de um crime habitual, perdendo as condutas isoladas a autonomia para efeitos punitivos, perdem também a autonomia no que respeita à tentativa. Isto é, não sendo as condutas autónomas, é o crime considerado como um todo, as condutas avaliam-se no seu conjunto e não individualmente, pelo que não faria sentido que cada conduta praticada pudesse equivaler a uma tentativa, no sentido normativo dos artigos 22.º e 23.º do CP.

Acresce, ainda, que na Geórgia, a título exemplificativo, a jurisprudência tem envergado pelo entendimento de existir tentativa de Stalking. Neste Estado, por exemplo, um indivíduo assediou e telefonou indevidamente à sua ex-mulher, na sequência de ter sido preso e, posteriormente, libertado sob a condição de que não deveria ter "absolutamente nenhum contacto com a vítima ou a família da vítima.". Algumas semanas depois, ele ligou para o escritório da sua ex-mulher, afirmando ser o procurador do distrito, e fez perguntas pessoais sobre sua ex-esposa. Mais tarde, tentou chamar a sua ex-mulher no escritório, mas ela encontrava-se ausente e fora da cidade. Assim, o agressor pediu a um colega de trabalho para transmitir à sua ex-esposa que "quando ela chegar a casa ela não poderá entrar." O Supremo Tribunal da Geórgia descobriu que não era absurda ou impraticável para criminalizar a tentativa de Stalking, que, nos termos do estatuto significava colocar-se sob vigilância, ou entrar em contacto com o outro, quando fosse feita com a intenção específica necessária para causar aflição emocional por induzir um medo razoável de morte ou lesão corporal. O tribunal considerou que concorrem para fixar a tentativa de Stalking um stalker "intimidar e assediar a sua vítima simplesmente comunicando as suas ameaças a terceiros que (o perseguidor conhece e espera) irão informar a vítima."[216]. Entendemos, neste caso, que, havendo intenção de cau-

---

[215] Paulo Pinto de Albuquerque, 2000, p.41.
[216] Cfr. caso *State* v. *Rooks*.

sar medo à vítima e tendo efectivamente causado, já estamos perante um caso de Stalking, e não apenas de uma tentativa.

Também noutro caso, **PEOPLE v. APONTE**, o arguido foi inicialmente acusado de Stalking e assédio, depois de ter perseguido o queixoso mais de 25 vezes nos três anos anteriores. Procurou-se reduzir a carga para tentativa de Stalking e o agressor foi julgado sem um júri, tendo sido condenado. Em causa estava a tentativa de Stalking. Entendendo assim, também, o Tribunal de Recurso. O arguido argumentou que o estatuto já engloba acções de tentativa, porque uma pessoa pode ser culpada mesmo se a vítima não chegar a sentir medo. O estatuto requer apenas uma probabilidade razoável do que suas acções eram susceptíveis de causar a outrem. O tribunal concluiu que não há nada de impossível na tentativa de Stalking, uma vez que esta se coaduna com a possibilidade de causar medo. "Assim, se um telefonema ou e-mail eram" susceptíveis de causar "as consequências referidas, uma tentativa de fazer tal telefonema ou enviar esse e-mail - mesmo se a comunicação nunca chegou ao seu destinatário - seria uma tentativa. ". Uma das questões discutidas em relação ao crime de Stalking está relacionada com a capacidade de configuração de um caso julgado. Abstractamente, não é impossível a criminalização da tentativa; no entanto, o seu âmbito de aplicação é muito limitado. Os actos integrantes da tentativa devem, de facto, assumir a forma de actos de assédio, ameaças, etc ... adequados para enquadrar uma das condições acauteladas pela previsão legal, mas que não ocorrem porque, por exemplo, por parte da vítima não são percebidas como assédio, ou não influenciam a dinâmica da sua vida e não comprometem o seu estado de saúde.

Ainda assim, mantemos a orientação de que a tentativa não é conciliável com o Stalking. Consideramos que quem quer cometer este crime consegue cometê-lo. Mesmo podendo uma ou outra conduta não ser praticada (como o caso de um telefonema ou e-mail não chegarem ao destinatário), como está em causa uma sequência de condutas, há sempre algumas que são realizadas e são hábeis a provocar o medo na vítima. Se não o fizerem, não sendo percepcionadas como assédio, não há ofensa a qualquer bem jurídico, não havendo necessidade de penalizar o agente por um dano que não originou.

2) A QUESTÃO DO CRIME AGRAVADO PELO RESULTADO, DO CONCURSO DE CRIMES E DO CRIME CONTINUADO

A. CRIME AGRAVADO PELO RESULTADO

A problemática do Stalking, devido à diversidade de comportamentos que pode comportar, de onde advém a ofensa a inúmeros bens jurídicos previstos no nosso ordenamento jurídico-penal, é apta a produzir um crime agravado pelo resultado. Ou seja, partindo da premissa de que o Stalking é um crime de medo e terror, ofensivo, em primeira instância, da integridade psíquica da vítima pode, em momentos mais avançados do curso de condutas, ofender bens que não somente a integridade psíquica. A este respeito impõe-se determinar se é ou não justificável referirmo-nos aos crimes agravados pelo resultado.

De entre as duas categorias de situações abrangidas pelo art. 18.º do nosso Código Penal[217] releva analisar a situação de **duplo dolo típico**. Assim, fala-se em dolo relativamente ao crime fundamental (que seria o Stalking) e dolo relativamente ao resultado agravante típico que, dada a natureza do primeiro crime, pode resultar em ofensa à integridade física grave, morte, etecetera... Estão em causa situações em que o agente não somente pratica dolosamente a acção típica do Stalking, como também produz um resultado agravante também ele doloso. Na prática do Stalking podemos encontrar o dolo inicial na conduta do agente e culpa no resultado. Noutras palavras, dolo no antecedente e culpa no consequente do crime. Quando, numa acção, forem encontradas as duas modalidades da conduta (dolo e culpa), estamos diante de um crime preterdoloso, pois há um misto de **dolo** na conduta inicial e a **culpa** no resultado advindo (resultado final).

"A qualificação em função do resultado não pode ter fonte jurisprudencial, mas tem de estar univocamente consagrada em qualquer preceito da PE. (...) O regime consignado no art. 18º tem como ponto nuclear a estatuição de que a agravação prevista da pena só terá lugar se for possível imputar o resultado agravante ao agente "pelo menos a título de negligência"."[218].

---

[217] Onde se determina que *"Quando a pena aplicável a um facto for agravada em função da produção de um resultado, a agravação é sempre condicionada pela possibilidade de imputação desse resultado ao agente pelo menos a título de negligência."*.
[218] Cfr. Figueiredo Dias, 2007, pp. 315 e 316.

A agravação decorrente do resultado produzido fundamenta-se na *especificidade do nexo entre o crime fundamental e o resultado agravante*.

Se, por um lado, podemos dizer que os crimes agravados pelo resultado são uma consequência da introdução no âmbito do direito penal do princípio da culpa, por outro lado, a sua existência parece ser abalada por considerações como a da possibilidade de resolução das situações abarcadas por esta figura pelo regime do concurso de crimes[219]. Neste sentido, importa também analisar este regime, que *infra* explanaremos.

Perante o exposto, afigura-se-nos o Stalking apto a causar um resultado mais gravoso do que provocaria o crime em si mesmo, se houver interrupção na fase inicial de acção.

B. CONCURSO DE CRIMES E CRIME CONTINUADO

Na mesma linha de pensamento, e invocando os argumentos ora descritos relativamente aos crimes agravados pelo resultado, tem ainda relevância o estudo do concurso de crimes.

Frequentemente, sucede que no mesmo processo se discuta sobre uma pluralidade de crimes cometidos pelo mesmo agente, situação denominada concurso de crimes e prevista no art. 30.º do Código Penal[220].[221]

Como o Stalking abarca um conjunto de crimes previstos no Código Penal, questiona-se se este curso de condutas empreendido pelo stalker poderá fazer com que este responda por tais práticas em concurso ou crime continuado.

---

[219] Neste sentido entende Figueiredo Dias que "(...) se o resultado agravante representar um crime e se ele for dolosamente provocado, então a gravação específica da figura típica em estudo parece tornar-se uma inutilidade (ou, pior ainda, uma contradição) normativa; na medida em que, segundo as regras gerais, mesmo sem a agravação o agente deveria ser punido (em princípio e de acordo com o princípio da culpa mais fortemente ainda) pelo concurso fundamental doloso com o crime agravante doloso."; cfr. 2007, p.320.

[220] Que dispõe, no seu número 1, que *"O número de crimes determina-se pelo número de tipos de crime efectivamente cometidos, ou pelo número de vezes que o mesmo tipo de crime for preenchido pela conduta do agente."*.

[221] "No âmbito do direito penal substantivo o problema a estudar agora releva, de forma decisiva, para determinação das consequências jurídicas que da distinção entre unidade e pluralidade de crimes resultam para efeitos da punição do agente.", cfr. Figueiredo Dias, 2007, p. 979.

No que concerne ao **concurso de crimes**[222], note-se que o problema só se suscita quando as condutas sejam levadas a cabo pelo mesmo agente. O Stalking pode traduzir-se num concurso de crimes na medida em que existe sempre que no mesmo processo penal o comportamento global imputado ao agente – traduza-se ele numa unidade ou pluralidade de acções – preenche mais que um tipo legal de crime, previsto em mais que uma norma concretamente aplicável, ou preenche várias vezes o mesmo tipo legal de crime previsto pela mesma norma concretamente aplicável. Quando se fala em concurso de crimes, depreende-se que o agente efectivamente os cometeu e, por isso, responderá pelas diversas infracções.

Quanto tratamos do Stalking não é certo qual o concurso que pode estar em causa, se o efectivo se o aparente, dependendo isso do tipo legal onde virá a constar tal crime. Ou seja, se o tipo legal previr as condutas típicas do crime e o resultado como o dano psíquico sem especificar outras condutas que possam ser provocadas pelo agente no sentido de agravar a culpa (por exemplo, se o stalker provocar graves ofensas à integridade física da vítima, se se intrometer na sua habitação ou se a difamar no seu local de trabalho, etc...), estas últimas condutas terão de ser punidas em concurso efectivo com outro tipo legal que as preveja, além de ser punido pelo stalker. Por outro lado, se o tipo legal do Stalking previr o Stalking e, em números autónomos, previr as ditas condutas passíveis de agravar a punição, encontramo-nos perante um concurso aparente.

Relativamente ao primeiro, "(...) da *pluralidade de normas típicas* concretamente aplicáveis ao comportamento global é legítimo concluir, *prima facie*, que aquele comportamento revela uma **pluralidade de sentidos sociais de ilicitude** que, segundo o mandamento da esgotante apreciação contido na proibição jurídico-constitucional de dupla valoração, devem ser **integralmente valorados para efeito de punição**.", merecendo o mesmo tratamento jurídico "(...) os casos em que ao comportamento global é concretamente aplicável apenas uma **norma típica**, mas esta foi violada **mais que uma vez** pelo comportamento global."[223]. Parece-nos, efectivamente,

---

[222] Impõe-se relevante a análise da figura do concurso de crimes devido ao facto de se mostrar difícil a enumeração, no próprio tipo legal, de todas as condutas passíveis de ser agravantes do crime de Stalking em si mesmo, como seja o caso do homicídio ou da intromissão ilegítima em habitação, por exemplo, que afectam bens jurídico-penais alheios à integridade psíquica, mas que se encontram directamente relacionados com o crime em debate.

[223] Cfr. Figueiredo Dias, 2007, p.1006.

a última situação retratada a mais comum em matéria de Stalking, devido ao número de condutas que o agente pratica repetidamente ofendendo a esfera privada da vítima. No entender de Eduardo Correia[224], o "número de vezes" que o mesmo tipo é preenchido pela conduta deveria contar-se pelo número de juízo de censura da culpa.

Pelo contrário, o Stalking pode integrar um comportamento global com um sentido de ilicitude dominante ou único que permite a recondução jurídico-penal à unidade do facto, pelo que nos encontramos perante um concurso aparente. Neste, "(...) os sentidos singulares de ilicitude típica presentes no comportamento global se conexionam, se interseccionam ou parcialmente se cobrem de forma tal que, em definitivo, se deve concluir que aquele comportamento é **dominado** por um único sentido de desvalor jurídico-social; por um sentido de tal modo **predominante**, quando lido à luz dos significados socialmente relevantes – dos que valem o mundo da vida e não apenas no mundo das normas -, que seria inadequado e injusto incluir tais casos na forma de punição prevista pelo legislador quando editou o art. 77.º."[225]. Seguindo a orientação de Figueiredo Dias podemos, então, falar do concurso aparente como concurso ideal, sendo que o que o distingue do concurso efectivo (ou concurso real) não é a unidade ou pluralidade de acções, mas sim a conjuntura de que no concurso aparente se verifica uma afinidade do ilícito dos tipos preenchidos pela conduta. O concurso aparente de crimes associa-se ao crime agravado pelo resultado, *supra* exposto.

Assim, quando o tipo legal não preveja explicitamente as condutas que possam ser perpetradas de forma a agravar o Stalking, enquanto figura aterradora propiciadora a causar danos psíquicos na vítima, releva o concurso efectivo na medida em que a pena aplicável ao agente será mais gravosa que a pena do Stalking em si mesma[226].

---

[224] Eduardo Correia, 1945, pp. 114 ss e 351 ss.
[225] Figueiredo Dias, 2007, p.1011.
[226] A este respeito, a medida concreta da pena do concurso, dentro da moldura abstracta aplicável, a qual se constrói a partir das penas aplicadas aos diversos crimes, é determinada, tal como na concretização da medida das penas singulares, em função da culpa e da prevenção, mas agora levando em conta um critério específico, constante do art. 77.º, n.º 1 do CP: a consideração em conjunto dos factos e da personalidade do arguido. À visão individual inerente à determinação da medida das penas singulares, sucede uma visão de conjunto, em que se consideram os factos na sua totalidade, como se de um facto global se tratasse, de modo a detectar a gravidade desse ilícito global, enquanto referida à personalidade unitária do agente.

Relativamente ao **crime continuado**, previsto no número 2 do art. 30.º do Código Penal, trata-se um concurso de crimes efectivo[227] no quadro da unidade criminosa[228], reconduzindo a uma pluralidade de actos susceptíveis, cada um, de integrar o mesmo tipo legal de crime ou diferentes tipos, ainda que semelhantes. Nos casos de Stalking, mesmo que, no que concerne aos actos de execução de forma essencialmente homogénea pode ainda aceitar-se que o *modus operandi* do agente, apesar de não ter sido exactamente o mesmo ao longo do tempo, nas várias situações, apresenta uma similitude suficiente para integrar o conceito - na medida em que o fio condutor do mesmo assenta sempre na ameaça e na violência de natureza psicológica, sendo através dela que ele logra manipular e subjugar a vítima, não constituindo a violência física ou ofensas a outros bens jurídicos que possa ofender senão um meio complementar destinado apenas a vencer qualquer resistência pontual que ela ainda conseguia esboçar e a mais rapidamente conseguir concretizar os seus intentos.

Uma consideração destas razões, a aconselhar e a requerer a elaboração e reconhecimento do conceito de crime continuado, já se encontra em Eduardo Correia[229]. Este sustenta, com efeito, que a unificação das diversas condutas na continuação criminosa era exigida não só pela necessidade de se tomar em conta a diversa gradação da culpa do agente, mas era também imposta "prementemente por necessidades de economia processual", na medida em que, nos casos de continuação se trata as mais das vezes, não só de alguns poucos, mas de numerosos, "de verdadeiras massas de actos singulares". Por isso, "a ter aplicação o princípio do concurso, deveria cada um deles ser apontado especificadamente na acusação e no despacho de pronúncia ou equivalente, cada um deles referido e apreciado na sentença, bem como para cada um ser construída uma pena. Ora isto, sendo em muitos casos inteiramente impossível, imporia sempre ao tribunal um trabalho esmagador". Ponderava ainda o autor que "considerando-se os diversos actos da chamada continuação criminosa como um concurso de

---

[227] Figueiredo Dias, 2007, p. 1005.
[228] "Trata-se da consagração legislativa da figura do **delictum continuatum**, que se afirma já conhecida da ciência dos práticos italianos, foi desenvolvida pela jurisprudência alemã do séc. XIX e por ela, bem como pela doutrina alemã, generalizadamente aceite; e que chegou a obter consagração em alguma códigos penais alemães do séc. XIX como, ainda hoje, no CP italiano. (...)", cfr. Figueiredo Dias, 2007, p. 1027.
[229] Eduardo Correia, 1983, pp. 272 a 275.

crimes, nada poderia impedir uma renovação da actividade processual com base em qualquer conduta continuada que não tivesse sido apreciada num processo anterior" o que tornaria possível, em certos casos, um número quase ilimitado de processos, com largo prejuízo da segurança do direito e da paz jurídica.

Embora a realização dos factos por parte do agressor possa variar no espaço e no tempo, esta pode repetir-se sem que, entre cada uma delas, se verifique uma quebra de proximidade espácio-temporal. De todo o modo, como destaca Figueiredo Dias "o decisivo para a continuação não é o lugar e o dia das violações, mas a unidade de contexto situacional em que ocorram", sem prejuízo de dever reconhecer-se que uma proximidade de espaço e de tempo pode ser indício da unidade de contexto situacional referida[230]. Já Eduardo Correia advertia que não se devia dar qualquer relevância especial à conexão no espaço e no tempo das diversas condutas. E "só na medida em que a distância temporal ou espacial que separa vários actos seja tão larga que afaste a possibilidade de a mesma situação exterior presidir a todos individualizando e diferenciando as várias oportunidades que facilitem a reiteração, só nessa medida se poderá falar de uma influência do espaço e do tempo capaz de excluir a continuação criminosa"[231].

Na vertente subjectiva do crime continuado, o ponto determinante a que a lei confere decisivo relevo, seguindo o pensamento de Eduardo Correia, é à exigência de que o crime seja dominado por uma situação exterior que diminua sensivelmente a culpa do agente. Nas palavras de Eduardo Correia[232], a aglutinação das diversas actividades às quais presidiu uma pluralidade de resoluções num só crime continuado fundamenta-se numa considerável diminuição da culpa do agente. O "pressuposto da continuação criminosa será, verdadeiramente, a existência de uma relação que, de fora, e de maneira considerável, facilitou a repetição da actividade criminosa, tornando cada vez menos exigível ao agente que se comporte de maneira diferente, isto é, de acordo com o direito". A unificação das diversas condutas na figura do crime continuado deriva da diminuição da culpa em razão de uma exigibilidade sensivelmente diminuída. Pelo que "uma tal diminuição sensível da exigibilidade, relativamente à inteira relação de continuação, fruto de uma mesma situação exterior, serve para

---

[230] Figueiredo Dias, 2007, p.1030
[231] Eduardo Correia, 1983, p. 252.
[232] Eduardo Correia, 1968, p. 209.

conferir àquela, pelo menos na generalidade dos casos, uma unidade do sentido de desvalor do ilícito do comportamento global (normativamente construída, é certo) e, por aí, para justificar a subtracção de tais casos à forma de punição contida no art. 77.º"[233].

Pelo *supra* exposto demonstra-se a razão pelo qual o Stalking não pode ser considerado crime continuado. Senão vejamos: importa atentar, *a priori*, no número 3 do artigo 30.º onde se dispõe que "O disposto no número anterior não abrange os crimes praticados **contra bens eminentemente pessoais.**" (negrito nosso). Tem-se por **bens eminentemente pessoais** "(...) aqueles que **são protegidos pelos tipos legais de crime contidos no Título I da PE do CP**: a vida, a vida intra-uterina, a integridade física, a liberdade pessoal, a liberdade e autodeterminação sexual, a honra, a reserva da vida privada, o direito à palavra e à imagem."[234]. Desta feita, temos como bem eminentemente pessoal a integridade psíquica o que, consequentemente, impede desde logo que o Stalking possa ser considerado como crime continuado. Isto justifica-se, *maxime*, pelo referido anteriormente no que respeita à determinação da culpa. Assim, tendo em conta a índole do Stalking, não se vislumbra diminuição da culpa. Sendo o direito penal um instrumento, por excelência, da manutenção da paz social, não parece razoável que uma pessoa que pratique várias vezes o mesmo facto ilícito, especialmente quando ofensivo a bens eminentemente pessoais, seja punido como se apenas um facto (e um crime) tivesse praticado. Nestes casos falta a diminuição sensível da culpa do agente, que é pressuposto do próprio crime continuado. O crime continuado fica, pois, restringido à violação plúrima de bens não eminentemente pessoais, independentemente de haver uma ou mais vítimas. Assim, os crimes contra as pessoas não podem ser subsumidos à figura do crime continuado, independentemente do número de vítimas e do modo de execução do crime, ficando o Stalking afastado deste instituto.

Impõe-se, ainda, mencionar o entendido pelo STJ a respeito do crime continuado quando defende que "I- Não constitui crime continuado a realização plúrima do mesmo tipo de crime, se não foram as circunstâncias exteriores que levaram o agente a um repetido sucumbir, mas sim o desígnio inicialmente formado de, através de actos sucessivos, defraudar[235]

---

[233] Figueiredo Dias, 2007, p.1033.
[234] Figueiredo Dias, 2007, p.1009.
[235] Entenda-se, por 'defraudar', privar dolosamente de algo.

o ofendido. II – Formado esse desígnio, a consumação de algumas actuações parcelares e a não consumação de outras integra o mesmo e único crime, atenuada a responsabilidade do agente na medida em que não as consegui consumar (...)"[236].

---

[236] Ac. do STJ de 4 de Maio de 1983, BJM, 327, 447.

XI. CONSEQUÊNCIAS JURÍDICAS DO STALKING

O objecto da doutrina das consequências do crime é constituído pelas penas (principais, acessórias e de substituição) e pelas medidas de segurança (privativas e não privativas da liberdade). Relativamente à caracterização do sistema sancionatório português, a primeira nota é a da recusa da pena de morte e das sanções de natureza perpétua (arts. 24.º e 30.º CRP)[237] – princípio da humanidade. Em segundo lugar, há que dizer que o sistema sancionatório assenta na concepção básica de que as sanções privativas da liberdade constituem a *ultima ratio* da política criminal, dando assim cumprimento aos princípios constitucionais da necessidade, proporcionalidade e subsidiariedade (arts. 70.º e 98.º CP). Uma terceira característica é a não automaticidade dos efeitos das penas (arts. 30.º/4 CRP e 65.º CP).

No que respeita à determinação da medida da pena, cabe ao legislador estatuir as molduras penais cabidas a cada tipo de facto, valorando a gravidade máxima e mínima que cada um daqueles tipos de factos pode presumivelmente assumir; prever as circunstâncias (modificativas) que, em casos especiais, podem agravar ou atenuar os limites da moldura previamente fixada; e, ainda, fornecer os critérios de determinação concreta e de escolha da pena. Sucede que ao juiz cabe determinar a moldura penal cabida aos factos dados como provados no processo, encontrar aí a pena concreta a que o arguido deve ser condenado, escolher a espécie ou tipo de pena a aplicar concretamente e determinar, em sede de execução da pena, aquela que é efectivamente cumprida. Dispõe o art. 40.º do nosso

---

[237] Revelando o princípio da humanidade.

CP que "a aplicação de penas e de medidas de segurança visa a protecção de bens jurídicos e a reintegração do agente na sociedade.", dispondo o seu n.º 2 que "Em caso algum a pena pode ultrapassar a medida da culpa."[238]. Um dos princípios basilares do direito penal reside na compreensão de que toda a pena tem de ter como suporte uma culpa, analisada concretamente. "O princípio *nulla poena sine culpa*, combatido ultimamente em certos quadrantes do pensamento jurídico-penal, embora mais, ou quase exclusivamente, contra a vertente que considera a culpa como fundamento da pena, ganhou o voto unânime de todas as forças políticas representadas no parlamento alemão, quando se procedeu à apreciação dos grandes princípios orientadores da reforma daquele sistema penal. Acrescente-se que mesmo os autores que dão uma maior tónica à prevenção geral aceitam inequivocamente a culpa como limite da pena. (...)"[239]. O princípio da culpa é, essencial e primordialmente, um princípio constitucional, previsto nos artigos 1.º e 27.º, n.º 1, da CRP, resultante do princípio da dignidade da pessoa humana e do seu direito à liberdade.

Mostra-se de elevada relevância salientar que ao atribuir-se à pena um conteúdo de reprovação ética, isto não significa o abandono das finalidades de prevenção geral e especial. O código traça um sistema punitivo fundado essencialmente na concepção das penas como pedagógicas e ressocializadoras, apesar dos limites impostos pela pena privativa da liberdade[240].

A investigação da moldura penal tem o seu ponto de partida no tipo legal de crime contido na parte especial do CP, cabendo ao juiz subsumir os factos dados com provados no processo em determinado tipo legal de

---

[238] "O n.º 2 contém mais um aflorador do princípio geral e fundamental de que o direito criminal é estruturado com base na culpa do agente do agente, e a explicitação de que a medida da culpa condiciona a própria medida da pena, sendo assim um limite inultrapassável desta.", cfr. Maia Gonçalves, 2007, p. 186, anot. ao art. 40.º.

[239] Almeida, Vilalonga, d'Almeida & Patrício, 2003, p.23.

[240] De acordo com o nosso Supremo Tribunal na determinação da pena "(...) haverá pois que considerar, nos termos dos arts. 40.º e 71.º, do CP, as exigências de prevenção geral e as necessidades de prevenção especial ressocializadora, devendo ter-se em atenção o grau de ilicitude do facto, o modo de execução, a gravidade das suas consequências, o dolo e sua intensidade, os sentimentos manifestados no cometimento do crime, as condições pessoais e situação económica do agente, e interrogarmo-nos sobre qual o mínimo da pena que, no contexto concreto do caso, melhor responderá à tutela dos bens jurídicos e Às expectativas da comunidade perturbada e abalada pela crime.", ac. de 02-10-2002, proc. N.º 2520/02 – 3.ª secção do STJ.

crime (se a moldura legal encontrada indicar apenas limite máximo, vale para o limite mínimo a regra geral). A moldura penal resultante do preenchimento de determinado tipo legal de crime, pode vir a ser modificada, por efeito das circunstâncias modificativas, agravantes ou atenuantes. Circunstâncias são, nesta acepção, pressupostos que, não dizendo directamente respeito nem ao tipo de ilícito nem ao tipo de culpa, nem mesmo à punibilidade em sentido próprio, contendem com a maior ou menor gravidade do crime e relevam, por isso, directamente para a doutrina da determinação da pena.

As circunstâncias dividem-se, ainda, em comuns ou gerais, ou seja, aplicam-se qualquer que seja o crime em causa, contendo-se, em princípio, na parte geral do CP (ex: tentativa, atenuação especial, reincidência – arts. 23.º, n.º 2, 7.º e 75.º CP); e especiais ou específicas, isto é, aplicam-se somente para certos tipos legais de crime, sendo reguladas na parte especial.

Em concordância com o previsto para a ofensa à integridade física, no regime de ofensa grave, prevista no art. 144.º CP, **parece-nos razoável que o Stalking seja punido com uma pena de prisão variável entre dois e dez anos.**

Relativamente à determinação da medida da pena estabelece o art.º 71.º do CP, que tal é operado de acordo com a culpa do agente e as necessidades de prevenção. Não podemos esquecer a finalidade da aplicação das penas que resulta do art.º 40.º, n.º 1 e 2 do CP. Quando falamos em prevenção estamos a falar de prevenção geral e de prevenção especial; quando se fala em culpa trata-se da culpa que releva quer ao nível do princípio da culpa quer ao nível do conceito de crime. O art. 71.º[241] estabelece o cri-

---

[241] "A determinação da pena que definitivamente deve ser aplicada ao delinquente é feita pelo juiz através de três fases: Numa primeira fase o juiz procede à investigação e determinação da moldura penal abstracta, ou seja da pena aplicável. Para tanto, parte do tipo de crime que o agente preencheu e da moldura penal que lhe cabe; seguidamente, ainda dentro da mesma fase, o juiz verifica se a moldura penal que encontrou é modificada ou substituída por outra, devido à existência de circunstâncias modificativas, agravantes ou atenuantes. Uma vez encontrada a moldura penal que em abstracto ao caso cabe, numa segunda fase deve o juiz encontrar, dentro dessa moldura abstracta, a pena que em concreto ao caso cabe, ou seja a medida da pena em sentido estrito ou a pena concreta. Quando o juiz tem à sua disposição mais do que uma espécie de penas, v.g. pena alternativa e pena de substituição, numa terceira fase deve escolher a pena a aplicar, seguindo o critério que a lei lhe dá (ver art. 70.º e anots.). (...)"; Maia Gonçalves, 2007, p. 271, anot. ao art. 71.º.

tério orientador geral da determinação das penas, impondo ao tribunal que, sempre que seja possível, priorize penas não privativas da liberdade.

Admitindo-se que os casos expressamente previstos na lei não são suficientes para evitar, em todas as situações, a determinação de uma pena superior à que seja permitida pela culpa e imposta pelas exigências de prevenção, o legislador formula no art.º 72.º CP uma cláusula geral de **atenuação especial da pena**, regulando no art.º 73.º CP o regime da atenuação especial.

O art.º 74.º, n.º1 do CP, permite ao tribunal declarar o arguido culpado mas não aplicar qualquer pena. Há da parte do arguido um comportamento típico, ilícito, culposo e punível que, no entanto, não determina a aplicação de uma qualquer pena, em virtude do carácter bagatelar daquele comportamento e da circunstância de a pena não ser necessária, perante as finalidades que deveria cumprir. Trata-se, assim, de um caso especial de determinação da pena sendo a sentença que decreta a **dispensa de pena**, uma sentença condenatória. Segundo o art.º 74.º[242] CP a dispensa de pena depende da verificação cumulativa dos seguintes pressupostos: o crime seja punível com pena de prisão não superior a 6 meses ou só com pena de multa não superior a 120 dias; que a ilicitude do facto e a culpa do agente sejam diminutas; que o dano tenha sido reparado; e que à dispensa não se oponham razões de prevenção. Contudo, tendo em conta que entendemos que a pena para o caso do crime de Stalking deve variar entre os dois e os dez anos, exclui-se, desde logo, a aplicação do regime de dispensa de pena, devido ao não cumprimento referenciado (o crime seja punível com pena de prisão não superior a 6 meses). Contudo, pode o legislador optar por ressalvar a hipótese de admitir dispensa de pena, prevendo tal circunstância no tipo legal.

No que respeita às agravantes, entendemos que as ofensas podem ser qualificadas em 1.º e 2.º grau. Muitas vezes, as ofensas de nível mais elevado

---

[242] "A dispensa de pena é um instituto destinado a resolver casos de bagatelas penais, em que se verificam todos os pressupostos da punibilidade mas em que se não justificaria a aplicação de qualquer sanção penal, já que tanto não seria exigido pelos fins das penas. Para que que faça uso desta medida é,, assim, necessária a verificação de um juízo de culpa. Ainda dentro do condicionalismo geral, deve tratar-se de crime punível com pena de prisão não superior a 6 meses, ou só com multa não superior a 120 dias (bagatela penal)."; cfr. MAIA GONÇALVES, 2007, p.285.

definem-se como a violação de uma ordem protectora[243], praticar o crime de Stalking fazendo-se acompanhar por uma arma de fogo ou qualquer outra arma apta a provocar a morte, casos em que a vítima se trata de um menor; ou, por último, nos casos de reincidência. Nesta última, do art.º 75.º CP resulta que, desde logo, a reincidência só opera entre crimes dolosos, não entre crimes negligentes ou entre crimes dolosos e negligentes; a reincidência ocorre apenas entre crimes que sejam e tenham sido punidos com penas de prisão efectiva superior a 6 meses; penas que tenham sido directamente impostas (prisão efectiva), o que exclui os casos em que o agente cumpriu pena de prisão na sequência da revogação da pena de substituição, bem como a exigência de cumprimento, ainda que só de forma parcial, da pena de prisão que foi objecto da sentença transitada em julgado; atenção que os eventos referidos no nº 4 do art.º 75.º não obstam à verificação da reincidência. Para além dos pressupostos formais constantes da previsão legal, é preciso que se verifique também o pressuposto material que, de acordo com as circunstâncias do caso, o agente seja de censurar pela condenação ou condenações anteriores não lhe terem servido de suficiente advertência contra o crime (culpa agravada).

No alusivo a penas acessórias[244] estão em causa verdadeiras penas, ligando-se, necessariamente, à culpa do agente, justificando-se de um ponto de vista preventivo e sendo determinadas concretamente em função dos critérios gerais de determinação da medida da pena (art. 71.º), a partir de uma moldura que estabelece o limite mínimo e máximo de

---

[243] As ordens de protecção são medidas de protecção para a vítima, comummente adoptadas nos casos de Stalking em outros países. Assim, em qualquer momento a vítima de perseguição pode pedir aos tribunais para obter uma ordem de protecção em casos de assédio ilegal. A ordem de protecção é uma ordem civil emitida pelo tribunal que diz ao suposto autor para ficar longe da vítima, dos filhos da mesma, e do(s) lugar (es) onde a vítima vive ou trabalha. Geralmente, se o autor não obedecer à ordem pode ser preso. Ordens de protecção não são um substituto para o planeamento de segurança e por si só, fazem pouco para parar o Stalking ou proteger a vítima do dano. Apenas alguns stalkers cumprem estas ordens e param o comportamento de assédio. É importante lembrar que as ordens de protecção são realmente apenas pedaços de papel e, a fim de ser eficaz e executada, é fundamental que as vítimas se façam acompanhar do mesmo e reportar possíveis violações à aplicação da lei.

[244] O art.º 30.º/4 CRP estabelece que as penas não têm efeitos automáticos o que é reafirmado pelo art.º 65.º/1. A aplicação de uma pena acessória supõe uma pena principal, que a lei preveja a possibilidade de pena acessória, que o juiz determine especificamente e, no caso concreto, de acordo com o grau de culpa do agente e as necessidades de prevenção dentro da moldura legal.

duração[245]. Estas podem passar pela proibição de contacto com a vítima (art.º 152.º/4), com possibilidade de fiscalização por meios de controlo, ou a obrigação de frequência de programas específicos de prevenção de condutas típicas de Stalking (do mesmo modo como sucede com os casos de obrigação de frequência de programas específicos de prevenção da violência doméstica (art. 152.º/4) CP)).

---

[245] Em matéria de execução valem os artigos do CPP. O **art.º 353.º CP** criminaliza o comportamento de que violar imposições e proibições impostas por sentença criminal a titulo de pena acessória, fazendo-lhe corresponder pena de prisão até dois anos ou pena de multa até 240 dias.

XII. CYBERSTALKING[246]

O Stalking consubstancia um tipo de criminalidade que pode ser potenciada e acentuada pelo uso da internet, sendo uma forma de perseguição que prejudica a paz do visado e que pode culminar em diversos crimes de maior ou menor gravidade[247]. Nos casos de perseguição, um dos meios usados pelo stalker pode ser justamente a internet, o denominado cybers-

---

[246] "Como com o Stalking em geral, não existe uma definição consistentemente utilizada para o cyberstalking na doutrina. Deve notar-se, porém, que o termo cyberstalking, em si, não é aceite universalmente. Por exemplo, Bahm (2003) argumenta a favor da terminologia 'uso da tecnologia para perseguir' de forma a cobrir actuais e futuras formas de tecnologia que podem ser utilizadas na prática de Stalking.", cfr. ROBERTS, Lynne; 2008; p.274. A CYBERANGELS, uma organização de segurança na Internet, sugeriu que as características para definir o cyberstalking incluíam todas ou algumas das seguintes características: malícia, premeditação, repetição, angústia, obsessão, vingança, ou se for ameaçador, ofensivo, angustiante, sem propósito legítimo, persistente apesar dos avisos para parar, ou ataque pessoal; cfr. SPITZBERG&HOOBLER, 2002, p.75.

[247] "A causa mais comum de comportamentos problemáticos quando se utiliza Internet está relacionada com o fenómeno da desinibição comportamental. Em comunicação face-a-face, os indivíduos são constrangidos pelas regras sociais que regem a interacção interpessoal, feedback negativo imediato, e as consequências visíveis de seu comportamento inadequado, bem como por possíveis sanções sociais. No entanto, ao usar a Internet, os usuários residem em relativo anonimato e segurança física, distante dos outros em interacção, muitas vezes desconhecem as suas identidades e personalidades, bem como das consequências negativas do seu comportamento de risco ou potencialmente prejudicial. Isso contribui para a expressão de raiva ou agressão, inadequado auto-revelação, ou o uso pessoal de material socialmente duvidoso na Internet, como a pornografia.»; cfr. Kiesler, S., Siegal, J. and McGuire, T. W.,1984.

talking[248], por exemplo, através do envio de mensagens para o correio electrónico da vítima ou por meio de redes sociais. A tecnologia informática e a Internet despoletaram um novo mundo para os agentes do Stalking, uma vez que o constante avanço da tecnologia está a fornecer-lhes uma sofisticada panóplia de ferramentas[249].

A importância desta referência prende-se com a circunstância da tecnologia permitir aos stalkers acesso a informação pessoal sobre a vítima, permitindo o Stalking sob anonimato e mesmo encorajar terceiros a "atormentar" as mesmas. Acresce ainda que os sistemas de GPS permitem detectar todos os movimentos das vítimas, em tempo real[250].

Na era da informação digital, a informação viaja mais rapidamente que a luz. A tecnologia está a aumentar a um ritmo exponencial. Cada vez mais e mais pessoas estão conectadas à internet e as tecnologias quotidianas são agora capazes de se ligar à web e interagir com outras pessoas em tempo real. Os telemóveis, comunicadores pessoais de dados, tocadores de música digitais, computadores portáteis e aumento de banda larga de conexões *wireless* que circulam em todas as cidades proporcionam às pessoas um acesso ilimitado a outras pessoas e informações. Uma vez que informações pessoais, como números de telefone pessoais, números de segurança social são dadas sem pensar duas vezes, essas tendências tornam as pessoas mais propensas a desconsiderar os procedimentos de segurança, confidencialidade e privacidade. O computador abriu uma porta para muitas

---

[248] Um Relatório do Congresso dos Estados Unidos definiu o cyberstalking, em 1999, como "o uso da Internet, e-mail, ou outro dispositivo de comunicação electrónica para perseguir outra pessoa"; cfr. Department of Justice, 1999, What is Cyberstalking section, para 1).

[249] "Embora a proximidade física fosse tradicionalmente um pré-requisito para qualquer crime relacionado com a agressão, os avanços tecnológicos fizeram desta exigência obsoleto. O uso generalizado do telefone mudou fundamentalmente a paisagem e deu origem a estatutos de telefonia assédio; a idade internet moderno tem ainda mais obsoleta a exigência de proximidade física e ampliado o escopo da actividade criminal. A ascensão do uso do telefone foi acompanhada por uma necessidade percebida de estatutos de telefonia assédio, que criminaliza assédio comunicações por telefone. Estes estatutos divorciado assalto de proximidade física. com o grande propagação no uso do telefone, alguém poderia ser milhas de distância e ainda se envolver em comportamento agressivo. Embora alguns estatutos assédio necessária uma ameaça credível de dano iminente, outros não, ampliando, assim, a definição da lei de assalto."; cfr. Avlana K. Eisenberg, p. 129.

[250] Note-se, ainda, que o cyberstalking, na maioria das vezes, não é praticado autonomamente, sendo acompanhado do Stalking físico e, implícita ou explicitamente, ameaças físicas; cfr. Lee, R., 1998, p.391.

possibilidades para estes novos stalkers. A Internet, como uma ferramenta acessível e disponível, abre novos caminhos para o "perseguidor tradicional". A popularidade crescente de comunidades *online*, como o Facebook e outras redes socias, contribui para as actividades crescentes de cyberstalking. As pessoas estão mais dispostas a divulgar informações pessoais em ambientes abertos onde qualquer um que é membro dessas comunidades pode ter acesso a informações suas. Há um aumento de disponibilização de informações pessoais que são aptas a potenciar a actividade dos stalkers e de ladrões de identidade. Como a tecnologia se torna mais amplamente acessível a mais pessoas, estas devem ser educadas sobre e para as potenciais ameaças na partilha de informações pessoais. A melhor maneira de evitar os avanços de cyberstalkers é tornar-se educado nas tecnologias utilizadas para comunicar com os outros e fazê-lo com privacidade e segurança quando for o caso.

Deste modo, deve a legislação cobrir o CyberStalking[251], assegurando a sua proibição e punindo, apropriadamente, actos de Stalking realizados através das novas tecnologias[252]. O Direito Penal deverá, pois, manter-se a par dos avanços tecnológicos que, por meios altamente sofisticados, propiciam uma utilização indevida das funcionalidades do ciberespaço e um consequente lesar dos interesses legítimos das pessoas. Para cobrir todos os instrumentos de comunicação e tecnologias possíveis deve fazer-se uma

---

[251] "Cyber stalking generally takes the form of threatening behaviour or unwanted advances directed at another using the Internet and other forms of online communications. Cyber stalkers can target their victims through chat rooms, message boards, discussion forums, and e-mail. Cyber stalking can be carried out in a variety of ways such as: threatening or obscene e-mail; spamming (in which a stalker sends a victim a multitude of junk e-mail); live chat harassment or flaming (online verbal abuse); leaving improper messages on message boards or in guest books; sending electronic viruses; sending unsolicited e-mail; and electronic identity theft amongst others."; cfr. O'Connell R, Price J and Barrow C., 2004, p.5.

[252] Apesar de, actualmente, todos os Estados dos Estados Unidos terem legislação especialmente destinada à punição do cyberstalking, Michigan foi o primeiro Estado a incluir as comunicações online como crime de Stalking, em 1993. No Código Penal de Michigan, a perseguição significa condutas directamente dirigidas à vítima onde se incluía um contacto não desejado, de forma continua, susceptível de causar na pessoa da vítima sofrimento emocional e *stress*. O contacto indesejado previsto neste código especificamente incluía mandar e-mails ou comunicações electrónicas para a pessoa; cfr. Michigan Criminal Code, Stalking: Section 28.643(8), definitions, 1993; ELLISON&AKDENIZ, 1998-2001,p .4.

enumeração de tais dispositivos na previsão legal, não devendo, contudo, esta enumeração ser taxativa[253].

A este propósito, importa também referir que outros meios de "vigilância" electrónica devem estar previstos na lei; pois, apesar de não ser tão recorrente a sua inserção na legislação existente em outros países, previne um maior leque de vítimas desta intromissão. Assim, na legislação Californiana, "o curso da conduta deve incluir a criação de uma ameaça credível com a intenção de provocar na vítima o medo razoável pela sua própria segurança."[254].

Algumas decisões jurisprudenciais comprovam a necessidade de previsão legal relacionada com o CyberStalking, pois, apesar de estarem em causa condutas não tipificadas na legislação, os Tribunais rejeitaram os argumentos do stalker, incluindo cada nova forma de tecnologia como passível de se enquadrar no Stalking. Vejamos[255], neste sentido, COLORADO v. SULLIVAN[256]; H.E.S. v. J.C.S.[257] e REMSBURG, ADMINISTRATRIX FOR THE ESTATE OF AMY BOYER v. DOCUSEARC[258].

A primeira acusação por cyberstalking ocorreu no Estado de Michigan. Andrew Archambeau recusou-se a parar de enviar mensagens de *e-mail* a

---

[253] O perigo de adoptar uma enumeração taxativa prende-se com o facto de podermos estar a omitir outros meios que caberiam na tipificação e que foram olvidados. Assim, deve o legislador optar pela expressão "incluindo, mas não limitado a", cfr. Stalking Resource Center, 2003.

[254] Stalking Resource Center, 2003; onde se prevê, ainda, que o termo 'ameaça credível' é definido como «uma ameaça verbal ou escrita, incluindo a execução por meio do uso de um dispositivo de comunicação electrónico ou ameaça contida por um modelo de conduta ou uma combinação de afirmações verbais, escritas, ou electronicamente comunicadas.».

[255] Stalking Resource Center, 2003.

[256] Um homem de Colorado instalou um GPS no carro de sua ex-mulher para verificar o seu paradeiro, no decurso do processo de divórcio. O Tribunal do Colorado determinou que a frase *'under surveillance'*, prevista na lei estatal, inclui tal vigilância electrónica e que o comportamento do marido consubstancia um caso de Stalking.

[257] No Estado de New Jersey uma mulher, que habitava na mesma casa que o ex-marido, descobriu uma pequena câmara de filmar, num pequenino buraco da parede do seu quarto. O seu marido manteve-a sob vigilância durante longos meses. O Supremo Tribunal de New Jersey determinou que este tipo de uso de tecnologia materializava um caso de Stalking, tal como definido na legislação daquele Estado.

[258] Em New Hampshire, depois de comprar a informação pessoal da sua vítima a um *'information broker'*, um stalker fundou um website onde publicou referências sobre o seu Stalking e intenções de matar a sua vítima, o que fatalmente sucedeu vários meses depois. O Tribunal considerou que, devido ao risco de perseguição e roubo de identidade, *'information brokers'* podem ser considerados responsáveis pela venda de tais informações pessoais.

uma mulher que tinha conhecido num site que promove encontros e foi acusado em Maio de 1994, apesar do seu advogado ter suscitado a inconstitucionalidade deste tipo de crime. Contudo, em Janeiro de 1996 Andrew não contestou a acusação que lhe tinha sido proferida[259]. Outro caso precursor foi o de Robert James Murphy (1998)[260]. Robert violou a Secção 223 do Título 47 do Código dos EUA, que proíbe o uso das telecomunicações para irritar, abusar, ameaçar ou assediar outrem. Murphy enviou mensagens e imagens obscenas para sua ex-namorada por um período superior a 4 anos. A mulher, Joelle Ligon, apagou esses *e-mail, inicialmente*, mas ulteriormente começou a coleccioná-los como meio de prova. Murphy declarou-se culpado e teve duas acusações de cyberstalking.

O Cyberstalking envolve a presença *online* de um stalker, de forma persistente e não desejada, e com potencial risco para o indivíduo. Como os stalkers físicos, os cyberstalkers intrometem-se nas vidas de vítimas de formas assustadoras e imprevisíveis. No entanto, este tipo de perseguidor usa a tecnologia para mediar as suas actividades - sendo capazes de fazer repetidas intromissões indesejadas, em qualquer momento, independentemente de terem ou não a sua vítima fisicamente presente. A utilização da Internet e dos meios de comunicação como ferramentas para perseguição social está a tornar-se cada vez mais difundida, apresentando um desafio especial para aqueles que procuram evitar o Stalking ou intervir na investigação dos casos. Com esta forma de intromissão os ataques parecem destacar-se em três grupos principais, que podem ocorrer isoladamente ou em combinação[261]: 1) comunicação directa, onde o material ameaçador e desagradável e / ou sabotagem electrónica se destina a enviar directamente para a vítima - que pode ou não ter ocultado a sua identidade ou assumiu uma outra diversa da sua[262]; 2) comunicação indirecta, onde a informação é publicado ou distribuído sobre a vítima em ambientes on-

---

[259] Cfr.; ELLISON&AKDENIZ, 1998-200),p .4; "Man pleads no contest in stalking case", Te Detroit News, 25 January 1996.
[260] Cfr. FISHER, 2004.
[261] Gisela Wurm, 2013, p.5.
[262] Note-se que "(...) o medo de prejuízo grave não pode, por si só, justificar a supressão da liberdade de expressão ... para justificar a supressão da liberdade de expressão tem de haver motivos razoáveis para temer que um prejuízo sério resulte se a liberdade de expressão continuar a ser praticada. Deve haver motivos razoáveis para crer que o perigo é iminente (...)", cfr. WHITNEY v. CALIFORNIA (274 U.S. 357, pp. 376-377).

-line[263]; 3) deturpação virtual da identidade da vítima, sendo esta usada por outro para promulgar comportamentos susceptíveis de causar ofensa.

Assim como os stalkers têm mais meios para cometerem este tipo de ilícito, nomeadamente através das novas tecnologias, também as pessoas ficam mais vulneráveis a estas invasões da privacidade.

Algumas vítimas relatam[264] que os agentes utilizam muitas formas de tecnologia - antigas e novas – de forma a controlar, coagir e intimidá-las durante e após os seus relacionamentos. Alguns stalkers invadem os ex--parceiros íntimos com "dezenas de *e-mails* e mensagens instantâneas, muitas vezes usando remetentes automatizados e *remailers* anónimos que tornam difícil identificar a fonte". Outros stalkers usam tecnologias como identificação de chamadas durante uma relação para monitorizar chamadas de seus parceiros e para localizá-los no caso de fugirem. Com estas formas de tecnologias referimo-nos[265] à tecnologia telefónica[266], tecnologia de localização e vigilância[267] e tecnologia de computadores e Internet[268].

---

[263] Como exemplo real, Cynthia Armiestead, vítima de cyberstalking nos Estados Unidos, recebeu centenas de chamadas ofensivas depois do seu stalker ter publicado o seu número e morada de casa num grupo na internet que oferecia serviços de prostituição, onde a morada que constava era a sua; cfr. ELLISON&AKDENIZ (1998-2001),p .3.
[264] Cfr. Lamberg, 2001, §2.
[265] Cfr. SOYTHWORTH, DAWSON, FRASER, TUCKER, 2005, pp. 5 ss.
[266] Como os telefones sem fios se vão tornando mais sofisticados, os agentes vão encontrando maneiras de usar a funcionalidade destes telefones avançados para os ajudar a perseguir suas vítimas. Contudo, a maneira mais utilizada ainda é através **chamadas telefónicas**, com repetidas ameaças através de telefones com cartões pré-pagos para não deixarem rasto (deixando, inclusive, mensagens ameaçadores no voicemail). Os agentes utilizam ainda uma ferramenta designada como "**caller identification**" que lhes permite, por exemplo, aceder aos números marcados pela vítima no seu telemóvel e até à sua morada (trata-se de uma forma de localizar a vítima através do ID do seu telemóvel). Neste seguimento, também as **máquinas de fax** são utilizadas pelos agentes e aptas a localizar as vítimas, uma vez que as novas máquinas também têm identificador se chamadas; bem como os dispositivos de comunicação para deficientes auditivos.
[267] Os stalkers, cada vez com maior intensidade, utilizam sistemas de localização, básicos ou sofisticados, e tecnologia de imagem para realizar a vigilância às suas vítimas, colocando assim a segurança das mesmas em grande risco. As ferramentas mais comuns são os **sistemas de GPS** ("global positioning system"), que permitem a localização da vítima em tempo real, e a utilização de **câmaras escondidas**, no sentido de estudar a rotina das vítimas (estas câmaras podem ser escondidas em detectores de fumo ou nas luzes de presença e são activadas através de controlo à distância).
[268] Neste tipo de tecnologia, os agentes identificam e adaptam *o software* e *hardware* do computador da vítima para controlarem a sua vida, por exemplo, para saberem o histórico do browser

Vejamos, a título de exemplo, a legislação existente no Reino Unido[269]. Neste país, as leis existentes são suficientemente flexíveis para abranger o cyberstalking. O "telecommunications act 1984 section 43", por exemplo, tipifica que constitui uma ofensa enviar por meio de um sistema público de telecomunicações uma mensagem ou outro assunto que é manifestamente ofensivo ou indecente, obsceno ou ameaçador para a pessoa-vítima. Para efeitos do acto, um sistema de telecomunicações[270] público é qualquer sistema de telecomunicações assim designado pelo Secretário de Estado e não se limita ao sistema telefone da "British Telecom". O acto, portanto, abrange potencialmente o envio de mensagens de e-mail ofensivas em alguns casos.

Note-se que Portugal ratificou a Convenção sobre Cibercrime do Conselho da Europa (Convenção de Budapeste, que vigora, relativamente a Portugal, desde 2010). Esse é o primeiro tratado internacional a abordar os crimes informáticos, tratando especificamente da segurança de redes de computadores, das violações de direitos autorais, da fraude por meio de computadores e da pornografia infantil, tendo sido criado com o intuito de uniformizar a legislação europeia, utilizando-se uma política criminal comum para defender a sociedade dos crimes informáticos, indicando a legislação apropriada, trazendo facilidades e agilizando a cooperação internacional por meio da adopção de tipos legais e procedimentos penais uniformes. Nessa convenção, o ciberespaço foi definido como um tipo de espaço comum que é usufruído por todos aqueles que trabalham na internet ao se conectarem aos serviços de comunicação e

ou para interceptarem o e-mail da mesma. Desta forma, são utilizadas ferramentas como o **"computer monitoring software"**, que podem ser instaladas para controlo à distância e que permitem ao stalker obter informação das actividades da vítima e até se esta está a pedir ajuda ou a tentar fugir; o **"keystroke logging harware"**, que é um sistema instalado no teclado do computador para ter acesso a passwords, por exemplo; **e-mails ou mensagens instantâneas**, que se destinam a assustar a vítima e enviam vírus para o e-mail da mesma, conseguindo ter acesso às passwords; a **utilização se sites na internet** onde os agentes encorajam terceiros a esta prática e ameaçam a vítima; e, por último, **acesso a bases de dados protegidas** onde conseguem obter informações privadas relacionadas com as vítimas.

[269] Sobre esta questão, ELLISON&AKDENIZ, 1998-2001,p.6 e Basu, S. and Jones, R.P.,2007, p.12.

[270] Um sistema de telecomunicações é definido, na Secção 4, §1, como *"um sistema de transporte, através da agência de electricidade, magnético, electromagnético, electroquímico e electromecânico de energia, de : fala, música e outros sons ; imagens visuais ; sinais que servem... de qualquer assunto do que na forma de sons ou imagens visuais ... ".*

informação. Diante disso, tal convenção foi elaborada não somente para criar novos tipos penais, mas também para estipular normas de processo penal, conciliando procedimentos de direito penal internacional e estabelecendo acordos referentes à tecnologia da informação. Esta Convenção tem como objectivos: harmonizar as legislações penais substantivas, elementos do crime e outras; permitir provisões conexas sobre crimes informáticos; promover alterações nas legislações processuais nacionais de forma a conceder poderes de investigação e persecução criminal necessários para combater delitos praticados com o uso de sistemas de computador, ou nos demais tipos de delitos nos quais as provas devam ser obtidas mediante meios electrónicos e estabelecer um regime rápido e efectivo de cooperação internacional. Todos os crimes definidos na referida Convenção são dolosos, ou seja, não se admite a possibilidade de existir uma conduta delituosa perpetrada por meio de computador sem que tenha havido a verdadeira intenção de a praticar. Acresce que, no que toca à modificação da legislação nacional, tal Convenção dispõe de alguns roteiros que têm como objectivo fundamental fazer com que os países signatários se comprometam a adoptá-los nos seus sistemas jurídicos, não sendo exigido, no entanto, que estes venham a copiá-los, podendo somente utilizar definições equivalentes. Perante o exposto, entendemos que o cyberstalking é incluído nos crimes a que a Convenção pretende responder.

O Cyberstalking é um problema crescente que não deve ser tomado de "ânimo leve". Com os avanços na tecnologia e eminente uso dos computadores, o cyberstalking exponenciou-se. A popularidade de *sites* de redes sociais também levou ao aumento do cyberstalking com um elevado número de pessoas a revelar informações pessoais nesses sites. Assim, há uma maior facilidade para que o stalker obtenha essas informações e as utilize negativamente para agredir as vítimas. A aplicação da lei tem sido crescente, mas ainda está atrasada no tempo. Parece que os stalkers estão um passo à frente das autoridades. Isto deve-se à circunstância de ser muito mais fácil esconder as verdadeiras identidades *online* e as pessoas vítimas de cyberstalking não estão suficientemente informadas para o que fazer se uma situação deste carácter suceder nas suas vidas. A maioria das pessoas sente-se invencível atrás do seu computador, descurando a possibilidade de serem as próximas vítimas.

XIII. RELAÇÃO COM O DIREITO CIVIL: INDEMNIZAÇÃO CIVIL

No que concerne às consequências jurídicas da violação do direito à saúde como um direito da integridade e personalidade - também de importância constitucional – é de evidenciar o relevo do direito a indemnização pelo "dano biológico", pelo prejuízo sofrido por causa da simples lesão do bem-saúde, independentemente das consequências a que esta lesão levou quanto à capacidade de produzir rendimento da pessoa lesada[271].

Há que ter em conta que é a avaliação do dano (no que respeito às consequências das lesões para a saúde do ofendido) que permite a fundamentação do direito a uma reparação pelos danos sofridos, obtida mediante pedido civil de indemnização de perdas e danos emergentes do crime praticado.

A indemnização civil, do ponto de vista não patrimonial, presume-se a compensação do dano existencial do Stalking. A compensação para os danos não patrimoniais está sujeita a critérios de gravidade das lesões e danos graves, que operam a partir de um filtro e implementam um equilí-

---

[271] No que à responsabilidade civil "emergente de crime" diz respeito, entendeu-se que é inequívoca a natureza civil da mesma. Contudo, não podemos deixar de corroborar a viabilidade do entendimento de alguns autores no que respeita à reparação do dano como sanção criminal. Assim, "Certos autores, nomeadamente alemães (entre os quais Roxin), defendem, de *iure condendo*, a qualificação da reparação do dano como consequência ou reacção jurídico-criminal, qual **"terceira via"**, a seguir à pena e à medida de segurança. (...)"; cfr. Taipa de Carvalho, 2008, p.109. No entanto, o caminho seguido pelo nosso ordenamento penal atribui natureza jurídico-civil à obrigação de reparação dos danos, considerando que esta é compatível com a satisfação dos legítimos interesses da vítima .

brio entre o princípio da solidariedade com a vítima e o princípio da tolerância, de acordo com a consciência social num dado momento histórico.

No que respeita a danos não patrimoniais, podemos referir-nos ao dano existencial, ao dano biológico e ao dano moral. Para que haja **dano existencial** tem de haver qualquer objectivo, e não apenas um preconceito interior resultante em fazer diferente do habitual, o que afectará escolhas e estilos de vida. A lesão deve ser encontrada em alterações da vida da vítima o comprometimento da sua dimensão existencial enquanto indivíduo na sociedade. O **dano biológico** pressupõe um dano da integridade psicofísica resultante da lesão, afectando a saúde e ferimentos causados por lesões físicas ou psicológicas. O chamado "dano biológico" vincula questões particulares, tais como a definição teórica da figura, a determinação do conceito de acto lesivo, o montante da indemnização e a delimitação das suas fronteiras. O **dano moral** implica que tenha havido sofrimento, físico ou mental, causado à vítima em consequência de um facto que constituía infracção, sendo compensado só para comportamentos reconhecidos pela lei como crime.

Esta compensação é a forma mais modesta de protecção contra um direito tão fundamental como o da saúde, uma vez que o dano para a saúde afecta adversamente a capacidade e qualidade da vítima na sua vida quotidiana. Atente-se para "A reparação do dano deveria ter em conta a definição de saúde da Organização Mundial de Saúde, ou outra mais realista, como a de René Dubos: "estado físico e mental, relativamente isento de incómodos e sofrimento, que permite à pessoa funcionar tão eficazmente e pelo máximo de tempo possível, no meio onde o acaso ou a escolha o colocaram". Assim, seria possível indemnizar as pessoas que são doentes somáticas em potência e doentes sociais na realidade, uma vez que a sua doença as impede de estabelecer relações sociais e são social e profissionalmente excluídos. A patrimonialidade do dano psíquico deve analisar-se numa perspectiva puramente existencial mas, também, comportamental, pressupondo a projecção da pessoa no seu ambiente social e expressão de todas as facetas do ser humano: gozo da vida, emprego dos tempos livres, autoprodução de bens e serviços."[272].

---

[272] Teresa Magalhães & Claude Hamonet; 2000; p.61.

Determina o art. 129.º do CP[273] que a indemnização de perdas e danos, de qualquer natureza, que resultam da prática de crime, é regulada pela lei civil, e não pela lei penal.

Assim, estabelece o nosso Código Civil a matéria relativa à responsabilidade civil por actos ilícitos nos artigos 483.º e ss.. Estatui o art. 483.º deste código, no seu n.º1, "Aquele que, com dolo ou mera culpa, violar ilicitamente o direito de outrem ou qualquer disposição legal destinada a proteger interesses alheios fica obrigado a indemnizar o lesado pelos danos resultantes da violação.". A obrigação de indemnizar é condicionada, como podemos observar pela redacção do artigo, por vários pressupostos. Desta feita, "É necessário, desde logo, que haja um **facto voluntário do agente** (não um mero facto natural causador de danos), pois só o homem, como destinatário dos comandos emanados da lei, é capaz de violar direitos alheios ou de agir contra disposições legais; em segundo lugar, é preciso que o **facto do agente seja ilícito** (« Aquele que ... violar *ilicitamente*...»); em terceiro lugar, que haja um **nexo de imputação do facto ao lesante** (« *Aquele que, com dolo ou mera culpa, violar*...»); e ainda, que à violação do direito subjectivo ou da lei sobrevenha um **dano**, pois sem dano não chega a pôr-se qualquer problema de responsabilidade civil (ao contrário do que sucede muitas vezes, quanto aos chamados crimes formais, no direito criminal); por último, que **haja um nexo de causalidade entre o facto praticado pelo agente e o dano sofrido pela vítima**, de modo a poder afirmar-se, à luz do direito, que o dano é resultante da violação."[274] (negritos nossos).

No caso concreto do Stalking, conseguimos, vislumbrando hipotéticos casos, enquadrar os pressupostos *supra* referidos. Senão vejamos, o **facto**[275] refere-se às condutas intrusivas que o agente pratica como sequência de actos persecutórios na pessoa da vítima ("course of conduct"); **a ilicitude**

---

[273] "Já a indemnização de perdas e danos emergentes da prática de um crime (artigo 129.º e s. do CP) trata-se, inquestionavelmente, de matéria atinente ao direito civil, não obstante o princípio de adesão que o CPP consagra (artigo 171.º e ss.), atendendo quer ao que se dispõe no artigo 129.º - a indemnização de perdas e danos emergentes de crime é regulada pela lei civil – quer à regulamentação processual da matéria, nomeadamente no que se refere ao carácter não oficioso do arbitramento da indemnização.", cfr. Maria João Antunes; 2013; p. 11.
[274] PIRES DE LIMA & ANTUNES VARELA, 2010; p. 471; anot. ao art. 483.º.
[275] "O elemento básico da responsabilidade é o facto do agente – um facto dominável ou controlável pela vontade, um comportamento ou uma forma de conduta humana -, pois só quanto a factos desta índole têm cabimento a ideia da ilicitude, os requisitos da culpa e a obrigação de reparar o dano, nos termos em que a lei o impõe."; op. cit, p. 471.

relaciona-se com um juízo que é feito pela ordem jurídica, um juízo generalizado, um juízo de desvalor que incide sobre o facto praticado e que, ao longo desta exposição, tentamos autonomizar devido à crescente necessidade social de protecção da comunidade para estas condutas ofensivas à pessoa humana; a **imputação do facto ao agente** que pratica os actos persecutórios, ou seja, para que o facto ilícito gere responsabilidade é necessário que o autor tenha agido com culpa[276];da qual resulta o **dano** para a pessoa (ou pessoas) alvo, que se caracteriza pela ofensa à integridade psíquica, podendo abarcar outras ofensas, nomeadamente, a vida, a integridade física, a honra, a privacidade...; e é determinante que se verifique um **nexo de causalidade** entre o facto e o dano que, como já referirmos, deve ser avaliado segundo parâmetros de uma "pessoa razoável".

De referir que, para efeitos de responsabilidade civil, é ao lesado que cabe provar a culpa do autor, de acordo com o disposto no art. 487.º do CC[277]. "A referência expressiva ao *bom pai de família* acentua mais a nota ética ou deontológica do bom cidadão (do *bónus cives*) do que o critério puramente estatístico do homem médio. Quer isto significar que o julgador não está vinculado às práticas de desleixo, de desmazelo ou de incúria, que porventura se tenham generalizado, se outra for a conduta exigível dos homens de boa formação e de são procedimento. É manifesto, por outro lado, que a figura do bom pai de família, utilizada pela nossa lei como padrão da diligência exigível do comum das pessoas, é um conceito simbólico destinado a cobrir não só a actuação do homem no âmbito da sociedade familiar, mas todos os variados sectores da vida de relação, por onde se reparte a actividade das pessoas."[278].

Note-se que "O montante da indemnização devida pela prática de factos criminalmente ilícitos não está sujeito à redução prevista no art. 494.º

---

[276] "Isto é, " Agir com culpa significa actuar em termos de a conduta do agente merecer a reprovação ou censura do direito: o lesante, pela sua capacidade e em face das circunstâncias concretas da situação, podia e devia ter agido de outro modo."; cfr. Antunes Varela, Revista de Legislação e de Jurisprudência, p. 58.

[277] "1. É ao lesado que incumbe provar a culpa do autor da lesão, salvo havendo presunção legal de culpa. 2. A culpa é apreciada, na falta de outro critério legal, pela diligência de um bom pai de família, em face das circunstâncias de cada caso.".

[278] PIRES DE LIMA & ANTUNES VARELA, 2010, p. 489, anot. ao art. 487.º.

do Código Civil²⁷⁹, pois os diferentes graus de culpa só têm relevo para a determinação do facto punível e para a graduação da culpa e fixação da dosimetria penal e porque o dever de indemnizar implica a reconstituição da situação que existia se não se tivesse verificado o evento que dá origem à reparação."²⁸⁰.

No que respeita aos danos provocados pelo Stalking, como já referimos, estão em causa, essencialmente, danos não patrimoniais. O Código Civil prevê a indemnização por estes danos no seu artigo 496.º²⁸¹. "Não se enumeram os casos de danos não patrimoniais que justificam uma indemnização. Diz-se apenas que devem merecer, pela sua gravidade, a tutela do direito. Deve, portanto, o tribunal, em cada caso, dizer se o dano é ou não merecedor da tutela jurídica. Podem citar-se como possivelmente relevantes a dor física, a dor psíquica resultante de deformações sofridas (...), a ofensa à honra ou reputação do indivíduo ou à sua liberdade pessoal, o desgosto pelo atraso na conclusão dum curso ou duma carreira, etc."²⁸².

Note-se que os incómodos ou contrariedades não justificam a indemnização por danos não patrimoniais²⁸³. A este respeito, refira-se que "Solução distinta foi a adoptada pelo legislador penal suíço que deu tratamento autónomo ao que designou como "**incómodos**", ou "**vias de facto**" (art.

---

²⁷⁹ "Quando a responsabilidade se fundar na mera culpa, poderá a indemnização ser fixada, equitativamente, em montante inferior ao que corresponderia aos danos causados, desde que o grau de culpabilidade do agente, a situação económica deste e do lesado e as demais circunstâncias do caso o justifiquem.".
²⁸⁰ Ac. TRE de 12 de Julho de 1989.
²⁸¹ "1. Na fixação da indemnização deve atender-se aos danos não patrimoniais que, pela sua gravidade, mereçam a tutela do direito. 2. Por morte da vítima, o direito à indemnização por danos não patrimoniais cabe, em conjunto, ao cônjuge não separado de pessoas e bens e aos filhos ou outros descendentes; na falta destes, aos pais ou outros ascendentes; e, por último, aos irmãos ou sobrinhos que os representem. 3. Se a vítima vivia em união de facto, o direito de indemnização previsto no número anterior cabe, em primeiro lugar, em conjunto, à pessoa que vivia com ela e aos filhos ou outros descendentes. 4. O montante da indemnização é fixado equitativamente pelo tribunal, tendo em atenção, em qualquer caso, as circunstâncias referidas no artigo 494.º; no caso de morte, podem ser atendidos não só os danos não patrimoniais sofridos pela vítima, como os sofridos pelas pessoas com direito a indemnização nos termos dos números anteriores.".
²⁸² Cfr. PIRES DE LIMA & ANTUNES VARELA, 2010, p.499; vide Vaz Serra, Reparação do dano não patrimonial, n.º 2, no B.M.J., n.º 83.
²⁸³ Cfr. ac. STJ 12 de outubro de 1973 e de 18 Novembro de 1975.

126.º) face às ofensas da integridade física (art. 122.º). Considerando que se trata de lesões da integridade física de pequena dimensão, ou sem consequências, mas que, apesar de tudo, não deixam de afectar a substância corporal ou bem-estar físico da pessoa, procedeu à sua previsão num tipo legal de crime específico, fazendo-lhes corresponder uma pena privativa da liberdade de duração reduzida (1 dia a 3 meses). Inclui-se aqui, por exemplo, o atingir alguém com água ou xarope, a destruição de um penteado artístico, a administração forçada de substâncias que induzem tosse ou espirros, entre outras actividades (...)"[284].

---

[284] Cfr. Paula Faria, 2.ª edição, comentário ao art. 143.º CP, § 21, p.310.

XIV. CONCLUSÕES

1. Findo o nosso percurso na análise deste tema que tem vindo recentemente a ser alvo de discussão sob vários prismas, resta-nos a ambição de que esta dissertação tenha servido o propósito de focar juridicamente um tema premente na sociedade portuguesa. Como já referido diversas vezes ao longo deste trabalho, o Stalking não faz parte integrante do nosso Código Penal, não sendo, por isso, considerado um crime. No entanto, vislumbra-se urgente esta inclusão, essencialmente porque a perpetração de condutas típicas do Stalking pode ter consequências extraordinariamente gravosas, quando não fatais, para as suas vítimas, sendo, por isso, fundamental estar atento às suas diferentes expressões e encetar todos os esforços para o combater.

O Stalking manifesta-se em diferentes contextos, de variadas formas e com consequências também elas diversas, perpetrado sobre familiares, pessoas conhecidas ou desconhecidas, famosas ou anónimos cidadãos anónimos, praticado por pessoas com características psicológicas, sociais e comportamentais diferentes, detentoras e não-detentoras de perturbações psicológicas, cujo ponto de união é a tendência para um comportamento de perseguição e/ou assédio persistente e não desejado a uma pessoa (assim como outros comportamentos intrusivos e obsessivos repetidamente praticados sobre essa pessoa), este é um problema social grave a que diferentes países, europeus e não só , começaram já a dar uma resposta específica e devidamente integrada. O Stalking é um comportamento complexo e difícil de identificar, perseguir e investigar, pelo que as respostas terão de ser também complexas e sustentadas em estudos e conhecimentos científicos específicos.

E assim, com a inclusão desta norma no nosso Código Penal, cumprir-se-ia a finalidade da prevenção geral, na medida em que seria um aviso à comunidade de que a Lei estava atenta ao tipo de comportamentos perpetuados sob a tipologia criminosa do Stalking.

Devido aos recentes contornos das práticas criminosas vislumbra-se a necessidade de adequar as medidas de segurança e prevenção à nova criminalidade mais ou menos violenta. Assim, ainda que determinado comportamento se mostre desastrosamente nocivo, o mesmo só releva juridicamente quando tipificado como crime. O tipo é uma criação abstracta e formal que se baseia num facto decorrente dos fenómenos causais e sociais susceptíveis de afrontarem bens jurídicos penalmente relevantes.

A necessidade de conter e prevenir os excessos criminais que surgem com o progresso da sociedade tem como objecto de tutela os bens jurídicos, sendo necessária a selecção de entre o elenco constitucional daqueles que efectivamente necessitem de tutela penal, por insuficiência de tutela por outros ramos jurídicos. Inquestionavelmente, carecem de tutela penal bens primários indispensáveis à existência da sociedade abractamente, como sejam a vida e a integridade. O universo normativo exige um esforço excepcional para ajustar as necessidades emergentes da evolução da vivência em sociedade.

Entendemos que o Stalking integra um comportamento que requer discussão e prevenção penal, caracterizando-se por um conjunto peculiar de características que, no seu todo, perfazem uma sequência de condutas delituosas e que ainda não se encontram criminalizadas em Portugal. A prática destas condutas prevê a incursão na esfera da intimidade e privacidade da vítima, bem como a reiteração de comportamentos promotores do prejuízo psíquico e emocional da vítima.

Note-se que o Stalking não é um comportamento recente, contudo, só ultimamente tem adquirido visibilidade social e relevância criminal. A justificação para o surgimento do Stalking enquanto crime deve fundar-se numa perspectiva construcionista, que explica a criação de crime na luta contra o comportamento anómalo que re(apareceu) como novo. É a construção social do problema, e não a própria aparência ontológica, que leva à incriminação do mesmo.

2. O Stalking adquiriu relevância jurídica nas últimas décadas um pouco por todo o mundo. A discussão surgiu nos Estados Unidos da América, mas já muitos países da Europa o elevaram a crime, devido à necessidade de protecção da sociedade. A este respeito, muitos foram os casos já discutidos no TEDH. Contudo, sendo uma conduta comummente associada à violência conjugal no contexto Europeu, deparamo-nos com a prática deste crime na sequência de uma quebra no relacionamento amoroso, intervindo o TEDH devido à ineficácia por parte do sistema judicial em assegurar a protecção das vítimas.

A nosso ver, o Stalking não se pode limitar a questões exclusivamente relacionadas com violência doméstica, tendo-nos apercebido de que este vai apresentando dinâmicas mais amplas, ainda que esta questão haja sido sinalizada através de ilícitos cometidos no âmbito da violência conjugal, a esta não se pode cingir.

Contudo, o Conselho da Europa promoveu a Convenção para a Prevenção e Combate à Violência sobre as Mulheres e Violência Doméstica, Convenção esta assinada por Portugal em 2011, com o objectivo de dirimir a as desigualdades reais entre homens e mulheres e afrontas contra estas últimas. Revela, neste sentido, o previsto no art. 34.º da Convenção na medida em que estabelece que "As partes deverão adoptar medidas legislativas ou outras que se revelem necessárias para assegurar a criminalização da conduta de quem intencionalmente ameaçar repetidamente outra pessoa, levando-a a temer pela sua segurança.".

Apesar da sua inclusão nesta convenção, entendemos extensivamente que a convenção deve ser aplicada não só aos casos de violência conjugal e, sobretudo, não se limitar à mulher vítima, sendo o homem também uma possível vítima deste novo crime. Note-se, a este respeito, que o artigo em questão não faz referência exclusiva à mulher, estabelecendo "(...) ameaçar repetidamente **outra pessoa** (...)" (negrito nosso).

Assim, deve este fenómeno ser tipificado em Portugal, o que se vislumbra para breve, devido à Convenção de que somos parte, particularmente o seu art. 34.º, e por força do art.8.º da CRP.

3. Os comportamentos aptos a consubstanciar o Stalking foram documentados desde o séc. XVIII, apesar da primeira lei tipificadora só ter surgido em 1990, no Estado da Califórnia. A esta seguiu-se a previsão deste tipo legal na Austrália, Reino Unido e Alemanha tendo, ao longo do tempo, sido introduzida legislação em muitos outros países Europeus.

No sentido de teorizar o Stalking, várias têm sido as abordagens no que à intrusão obsessiva e perseguição dizem respeito, das quais se podem destacar a Teoria da Actividade de Rotina, a Teoria do Apego e a Teoria da Ruminação Obsessiva ou Vinculação.

Apesar de toda a problemática que rodeia o Stalking nos diversos ordenamentos jurídicos, é possível identificar os elementos de especial relevância que o caracterizam, além da sequência de condutas perpetradas ao longo do tempo pelo stalker, sendo eles a intenção, a ameaça e o medo. No que respeita à violência, entendemos que esta não deve ser tida como um elemento característico do crime, podendo ela existir ou não.

No que respeita à intenção, é entendido que as acções que o agressor pratica devem ser hábeis ao conhecimento de que ele sabia ou deveria saber que causariam medo e insegurança à vítima. É neste contexto que nos referimos a um padrão de "pessoa razoável". Neste, questiona-se se uma pessoa razoável, em circunstâncias semelhantes às da vítima, sentiria medo pelo comportamento persecutório perpetrado.

A ameaça, enquanto elemento do crime, exige que o agressor aparente a capacidade de levar a cabo a intimação que proclama. Assim, no que respeita ao Stalking deve estar em causa uma "ameaça credível", apta a criar a sensação de que uma pessoa deva temer pela sua segurança, ou de seus entes próximos.

Já no que ao medo concerne, deve demonstrar-se o efeito que o comportamento do agressor provocou na vítima, que pode ser de três tipos: contínuo e sério estado de ansiedade e medo; fundado receio pela sua segurança; ou deterioração dos seus hábitos de vida. É necessário avaliar-se se deve este elemento ser avaliado através da produção de medo com base num padrão subjectivo, no caso concreto, isto é, tendo em conta a vítima específica; ou se deve ser ajustado de acordo com o efeito que teria como um padrão objectivo, analisado abstractamente à pessoa-alvo, pelo homem médio colocado na situação da vítima, ou um cidadão razoável. Chegamos ao entendimento que dois factores essenciais devem estar na determinação deste elemento, por um lado, o impacto na vítima, por outro, a importância do contexto relativamente à conduta persecutória.

Orientamo-nos pela avaliação do medo provocado numa "pessoa razoável". Este conceito, abstracto e ideal, rege-se por uma "linha imaginária" que será comparada com o percurso traçado pelo homem concreto nas circunstâncias envolventes.

4. No que alude ao tipo objectivo de ilícito, impõe-se referenciar a questão do autor, da conduta e do bem-jurídico.

Duas das características que mais geram dificuldades são o facto de ser um tipo de crime que implica uma repetida vitimização, traduzindo-se na concretização de uma série de acções, e não num acto isolado; e o facto de ser definido essencialmente pelo impacto e pelo medo e insegurança que geram na vítima, provocando danos psicológicos graves, levando a diversas incapacidades e impondo uma profunda alteração das suas rotinas quotidianas.

Em função da nossa própria actividade enquanto juristas e das preocupações que o estudo do fenómeno nos suscitou, entendemos que seria importante analisar o que em diferentes países do mundo se faz a este nível e procurar delinear um primeiro modelo daquilo que poderá vir a ser a intervenção policial face ao Stalking. Para tal, foi efectuado o levantamento da legislação internacional especialmente vocacionada para o combate do Stalking; analisada a legislação nacional para detecção dos elementos a considerar no combate a este fenómeno; realizada uma aprofundada revisão bibliográfica de estudos científicos sobre Stalking e sobre práticas de combate a este fenómeno, assim como dos protocolos policiais anti-stalking existentes em diferentes países. Com base nos dados resultantes do nosso estudo, avançamos para a determinação das linhas orientadoras para prevenção e combate ao Stalking em Portugal.

Relativamente ao autor, importa apenas salientar que o Stalking consubstancia um crime comum, na medida em que pode ser praticado por qualquer indivíduo, sem que nenhuma especificidade seja exigida. Entendemos também que, apesar de se tratar de um ilícito, habitualmente, praticado por uma só pessoa, devido à sua natureza e motivação, podem existir também casos em que, a fim de prosseguir determinada conduta concretamente, façam sentido os institutos da co-autoria e cumplicidade.

Questão mais complexa surgiu na determinação das condutas integrantes do ilícito. O Stalking integra um conjunto de condutas, tendencialmente obsessivas, intrusivas e persistentes, prolongadas indeterminadamente no tempo, que podem ser compreendidas como actos persecutórios e perturbadores da vida da vítima. A primeira dificuldade com que nos deparamos foi com a circunstância de, devido à multiplicidade de actos, muitos destes, avaliados autonomamente, não se mostram intrusivos nem, tão-pouco, ofensivos de bens jurídicos penalmente tutelados. Mostrou-se imperativo delimitar a fronteira entre os comportamento rotineiros tidos como "normais" e os comportamentos indicadores de perseguição obsessiva. Assim, o principal factor que determina a presença de Staking prende-se com a repetição destes actos. Acresce que, apesar de não conseguirmos enumerar taxativamente todas as condutas, conseguimos enquadrá-las essencialmente em cinco categorias: comunicação com a vítima; intrusão física na vida da pessoa; representação, isto é, praticar actos em nome da vítima; uso de *proxies*, ou seja, contratar alguém para perseguir a vítima; e campanhas de difamação. Relativamente a este ponto, mostra-se essencial alcançar a variedade, persistência e repetição de comportamentos pelo agente. No sentido de determinar o número de episódios capazes de identificar o padrão de condutas típicas do Stalking, entendemos que deve tratar-se de duas ou mais práticas, de acordo com a análise feita de Direito Comparado. Acresce indicar, no que respeita ao tempo razoável para que se possa considerar estarmos perante Stalking, que a partir de quatro semanas de intromissões recorrentes já se deve atribuir relevância jurídica. Apesar deste entendimento, é necessário ter-se em consideração a gravidade dos actos perpetrados, ou seja, ainda que não tenha chegado às quatro semanas e se houver um aumento da lesividade dos actos de dia para dia, a situação deve ser analisada tempestivamente. Por último, importa referir que a a tipificação deve conter uma "lista aberta", passível de adoptar novas condutas que possam vir a surgir. Apesar desta opção se poder mostrar ampla e pouco limitativa, por um lado, entendemos que será preferível a discricionariedade à limitação da actuação das vítimas. Ainda assim, tentamos delimitar esta lista considerada "aberta" entendendo que os comportamentos têm de configurar condutas de onde se destaquem características de super intimidade, proximidade, invasão, intimidação ou violência; sempre aptas a gerar um desequilíbrio de carácter emocional na pessoa-alvo. Resta acrescentar que consideramos o Stalking como um crime de resultado, de execução livre e complexo.

Por último, e mais complexo ainda, impõe-se a determinação do bem jurídico em causa. O Stalking contempla uma série de comportamentos praticados reiteradamente que lesam a saúde da vítima, não só física, mas

essencialmente psíquica. Aflora a argumentação jurídica a indicar a integridade psíquica como a melhor solução para a determinação do bem jurídico protegido pelos crimes de Stalking, pode-se aduzir um argumento fáctico insofismável: a pessoa alvo de Stalking não aponta como principal lesão sofrida qualquer ferimento, sequela física ou carência de liberdade, mas sim o medo, o terror psicológico e a desonra da sua dignidade e até mesmo da sua autoimagem e amor-próprio. Estes é que são, efectivamente, os pontos cruciais de lesão à pessoa "perseguida" e não os danos físicos. A lembrança dos acontecimentos perpetrados pelo stalker constituem ofensa à integridade psíquica e, abstracta e amplamente, ofensa à dignidade humana da pessoa vitimada.

Antes de avançarmos para a discussão relativa à integridade psíquica enquanto bem jurídico carecido de tutela penal, acrescente-se que o Stalking se enquadra num crime de perigo abstracto, duradouro e eminentemente pessoal.

5. No que respeita à introdução da integridade psíquica enquanto bem jurídico autónomo no nosso ordenamento jurídico impõe-se salientar algumas reflexões.

Em primeiro lugar, no respeitante à consideração de um bem jurídico como penalmente relevante, deve evidenciar-se a existência de dignidade e necessidade penais.

Especificamente no que à integridade psíquica alude, este é um valor não previsto expressamente na legislação criminal, merecendo uma pesquisa no sentido da sua tutela, uma vez que estamos perante uma "terra desconhecida" do direito. Entendemos como psíquico tudo o que concerne à experiência interior. Embora seja muitas vezes invocada uma inseparabilidade substantiva entre integridade física e psíquica (integridade psicofísica), esta última possui uma autonomia que, a nosso ver, deve ser reconhecida pela ordem jurídica.

Um impulso decisivo para a intensificação da protecção da integridade psíquica foi dado pela afirmação de dois sentimentos que predominam na actualidade, sendo eles o **medo** e a **insegurança**. A diferença entre a protecção da integridade psíquica e outros ramos da tutela da pessoa é que na primeira estamos na presença de uma afectação do estado psíquico da vítima resultante do evento típico, pelo menos quando ele mesmo resume a lesão produzida pelo crime e não a sua passagem.

Contrariamente ao que sucede com outros crimes, a definição de Stalking abrange, não só o comportamento perpetrado pelo agressor, mas também os efeitos provocados sobre a vítima. As respostas psicológicas das vítimas e as alterações que as mesmas se vêm obrigadas a fazer na sua vida como resultado do Stalking também podem ser tidas como evidências do medo que o ofensor lhes causa.

Quando nos referimos à tutela do bem jurídico da integridade psíquica da pessoa humana obedecemos ao comando constitucional previsto no art. 25.º da CRP, que, apesar de explicitamente não tutelar esta integridade, nos faz crer que implicitamente pretende a sua tutela. Acresce ainda que a integridade que visamos tutelar decorre do princípio da dignidade da pessoa humana. Assim, encontrando consagração constitucional para tal bem jurídico, importou-nos determinar qual a sua relevância jurídico-penal.

Começamos por averiguar que no domínio das manifestações psicossomáticas, é plenamente aceite na ciência médica que no conjunto de reacções do organismo a agressões externas inscrito no fenómeno do *stress* contam-se também as agressões psíquicas.

Ademais, estabelece o art. 3.º da CDFUE que a integridade mental da pessoa deve ser respeitada. Interpretamos de tal disposição que a referência a saúde mental inclui também um estado de serenidade psíquica e emocional. Também a CEDH protege a integridade psíquica da pessoa, ao consagrar no seu art. 9.º a protecção da vida privada.

Na avaliação da integridade psíquica enquanto bem jurídico, vislumbramos a necessidade de determinar critérios adequados na averiguação do dano psíquico em concreto provocado com a intenção de determinar se efectivamente houve prejuízo emocional sério e diminuição da qualidade de vida das vítimas. A este respeito, concluímos que tem de existir uma relação de causa-efeito para que se possa falar em dano psíquico, provocando uma qualquer afectação comprometedora das funções psíquicas e da convivência em sociedade. A integridade psíquica, no contexto do Stalking, é afectada na medida em que a intenção é aterrorizar e inspirar o medo generalizado no alvo. Como resposta à questão "medo de quê?", adoptamos uma posição onde o medo não é sobre o quão dolorosa ou perturbadora possa ser a experiência vivida, mas respeita à antecipação de um risco efectivo e sensação permanente de perigo iminente, designado, em sentido leigo, como "sofrer por antecipação". Entendemos que o foco é sobre as previsões de futuros eventos ou riscos, provocando ansiedade e pânico que podem perdurar para além da ocorrência do crime, originando danos permanentes na saúde mental do ofendido.

Questionamo-nos também, ao longo da nossa pesquisa, da priorização legislativa do dano físico ao dano emocional, parecendo-nos razoável considerar que tal facto se deve à facilidade objectiva de observação relativamente ao primeiro, ao invés da dificuldade de avaliação da profundidade e "abstracção" do segundo.

Chegamos ainda à conclusão de que, da mesma forma que é prevista a ameaça, que não passa de uma antecipação de um perigo que poderá ou não vir a acontecer, deveria também o Stalking ser criminalizado e a integridade psíquica do indivíduo ser protegida.

A principal justificação para a integração da integridade psíquica no catálogo de bens jurídicos penalmente relevantes sustenta-se na elevação e equiparação da apoquentação emocional às ofensas à integridade física, não sendo nós capazes de vislumbrar a prevalência de um dano na saúde física ao dano na saúde mental e psicológica.

Importa ainda referir que, apesar de considerarmos que o bem jurídico desflorado pelo Stalking é a integridade psíquica, mas tendo em conta a sua inexistência legal, evidenciamos a hipótese de, à semelhança do que sucede em outros ordenamentos jurídicos, ser a perturbação da vida privada o principal bem afectado por este tipo de crime. Contudo, não podemos deixar de nos descontentar com este entendimento devido à leviandade com que o mesmo é tratado, pois consideramos que o Stalking afecta mais do que a vida privada, não o encaramos apenas como um incómodo ou perda de autodeterminação na vida quotidiana.

No que respeita ao art. 190.º do nosso CP ("Violação de domicílio ou perturbação da vida privada") estão em causa situações onde a intenção passa por perturbar a vida da pessoa, a sua paz e sossego. Assim, não nos parece que esta seja a intenção de um stalker, como já evidenciamos, tendo em conta que o mesmo pretende introduzir-se, forçosamente, na vida da vítima, causar-lhe terror e desconfiança, tentando monopolizar a sua vida.

6. O dolo, consciência e vontade de praticar certo facto ilícito ou de empreender certa actividade típica, consubstancia o elemento ilícito subjectivo do Stalking. Neste ponto não se levantam quaisquer divergências, sendo aceite unanimemente que este ilícito só pode ser cometido a título de dolo, não fazendo sentido a hipótese da negligência.

Esta unanimidade deriva, essencialmente, da própria natureza do crime e relaciona-se com um elemento subjectivo específico, a intenção, uma vez que a realização das condutas está dependente e subordinada a um determinado rumo da vontade do agente. No nosso entender, deve ser acolhida a intenção geral para o tipo de situações tratadas. Queremos com isto referenciar que, mesmo que não haja intenção específica de provocar afectação psíquica na vítima, há um nexo causal entre a conduta praticada e a ofensa que dela resultou, devendo o agente ser punido nessa medida.

Concluímos, no que se refere à prova da intencionalidade, que deve provar-se que o agente realmente tinha a intenção de causar dano psíquico na vítima; que sabia que a prática de tais condutas era apta a causar o sobredito dano; e que deveria ter entendido, de acordo com todas as circunstâncias do caso, que a prática desses actos era apta a causar aquele resultado específico.

7. Directamente relacionada com a questão da intenção surge a questão da culpa. Isto deve-se ao fato de o juízo de culpabilidade exigir a capacidade do agente avaliar a ilicitude das condutas por si praticadas e de, mesmo assim, decidir praticá-las.

Quando nos referimos ao Stalking tratamos, à partida, da culpa dolosa, onde o agente representa as suas condutas, mesmo sabendo que está a invadir a esfera privada da vítima contudo, tem vontade na realização das mesmas.

A verdadeira questão suscitada em matéria de culpa é o apuramento da consciência da ilicitude por parte do agente. Só no domínio do erro se poderá falar em falta de consciência da ilicitude, conforme o art. 17.º do CP, que, caso suceda, exclui a culpa quando não for censurável. Queremos com isto explanar que não sendo a culpa reveladora de uma atitude ético--pessoal de indiferença, estamos perante um caso de falta de consciência da ilicitude. Parece-nos este o fundamento único que pode vir a excluir a culpa no caso do Stalking, pois todas as outras formas de exclusão da mesma não se coadunam com a *fattispecie* deste ilícito, devido à sua especificidade e intencionalidade.

8. Tendo em conta todo o exposto, enquadramos o Stalking como um crime que reveste natureza semi-pública, atendendo a que, acima de tudo, deve caber à vítima a avaliação concreta das condutas de assédio como lesivas da sua integridade e autodeterminação. Desta feita, deve exigir-se que o procedimento criminal dependa de queixa.

A nosso ver, deve o Stalking revestir esta natureza, não por desconsiderarmos ser suficientemente grave para ser considerado crime público, mas porque só o próprio ofendido tem a capacidade de avaliar o nível de intromissão, gravidade e consequências dos comportamentos integrantes do tipo de crime.

9. No que respeita às formas especiais do crime, analisamos a possibilidade de conjugar o Stalking com os institutos da tentativa, do crime agravado pelo resultado, do concurso de crimes e do crime continuado.

No nosso entendimento de Stalking, e tendo em conta o bem jurídico-penal que consideramos ser essencialmente violado pela sua prática, não nos parece que o instituto da tentativa possa ter relevo. Integrando o Stalking um conjunto de condutas hábeis a debilitar a integridade psíquica da vítima, caracterizando-se por uma sequência de actos intrusivos, estamos perante um crime que não tem consumação num só acto. Assim, cada conduta perpetrada pela agente, *per si*, trata-se de uma tentativa de atingir a vítima, seja na sua saúde, na sua intimidade ou liberdade pessoal. Deste modo, vislumbramos o Stalking como um conjunto de tentativas reiteradas e prolongadas no tempo, não sendo possível discernir um *inter criminis* com fases sucessivas, uma vez que a própria consumação do crime apresente sucessivas fases, pois não se trata de um ilícito de acção única e imediata.

De feição diferente encaramos a hipótese de estar em causa um crime agravado pelo resultado. Devido à multiplicidade de comportamentos que este comporta, de onde necessariamente advém a ofensa a uma pluralidade de bens jurídicos, se a hipótese da agravação não estiver explicitamente prevista no tipo legal, é o Stalking apto a produzir um resultado agravante ao crime em si mesmo, como seja o caso, por exemplo, da vítima se suicidar.

Na mesma linha de pensamento, é também o concurso de crimes conciliável com a figura do Stalking.

O mesmo não sucede no que respeita ao crime continuado. Vejamos, desde logo, o previsto no art. 30.º, n.º 3, do CP, onde determina o legislador que não abarcar o crime continuado quando estejam em causa bens eminentemente pessoais. Desta feita, entendo a integridade psíquica como bem eminentemente pessoal, fica desde logo excluída a abrangência do crime continuado à figura do Stalking.

10. Podemos concluir, referentemente às consequências jurídicas do crime, que devido ao grau de ofensa do crime e em concordância com o previsto na ofensa à integridade física agravada, ser razoável que o Stalking seja punido com uma pena de prisão entre dois e dez anos. Importa salientar que na determinação concreta da medida da pena devem ser tidas em conta a culpa do agente e as necessidades de prevenção, como decorre dos arts.40.º e 71.º do CP.

Impõe-se ainda referir que, podendo ser a pena especialmente atenuada, em determinadas circunstâncias, como previsto no art. 72.º do CP; ou agravada, como é o caso, por exemplo, da reincidência (art. 75º. do CP); exclui-se a dispensa de pena uma vez que não se encontra preenchido um pressuposto constante do art. 74.º do CP, na medida em que a pena de prisão, a nosso ver, é superior a seis meses. Note-se, contudo, que pode o legislador optar por salvaguardar esta hipótese e admitir a dispensa de pena em determinados casos, tendo estes que estar previstos no tipo legal.

Por último, podemos ainda evidenciar a existência de penas acessórias, nomeadamente o contacto com a vítima, a possibilidade de fiscalização por meios de controlo ou a obrigação de frequência de programas específicos de prevenção de condutas típicas do crime de Stalking.

11. Refira-se, mais, no que concerne ao cyberstalking, que o stalking consubstancia um tipo de criminalidade que pode ser potenciada pelo uso da internet, bem como de outros aparelhos de índole electrónica. A importância desta referência prende-se com a circunstância da tecnologia permitir ao stalker uma sofisticada panóplia de ferramentas, potenciando o acesso a informação pessoal sobre a vítima, permitindo o anonimato dos agentes e mesmo possibilitando detectar todos os movimentos das vítimas através de sistemas de GPS.

Deste modo, deve a legislação cobrir o cyberstalking, assegurando a sua proibição e punindo, apropriadamente, actos de Stalking perpetrados através das novas tecnologias, devendo o Direito Penal atentar nos avanços tecnológicos que propiciam e facilitam a prática criminosa.

12. No que respeita a indemnização civil, sob um ponto de vista não patrimonial decorrente do dano psíquico provocado, entendemos dever existir uma compensação do dano existencial do Stalking. A indemnização por perdas e danos, em conformidade com o estabelecido no art. 129.º do CP, é regulada pela lei civil, e não pela lei penal. Assim, dispõe o art. 483.º do CC, no seu n.º 1, que "Aquele que, com dolo ou mera culpa, violar ilicitamente o direito de outrem ou qualquer disposição legal destinada a proteger interesses alheios fica obrigada a indemnizar o lesado pelos danos resultantes da violação.".

13. Após toda a análise e debate no que à configuração do Stalking diz respeito, gostaríamos de concluir o nosso estudo, após toda a análise teórica da norma que criminalize o Stalking, com uma proposta de norma, a ser porventura incluída no Código Penal, respeitando a Constituição, material e formalmente, a sua sistematização e os princípios decorrentes do Direito Penal português. Assim:

"1. Quem, de modo reiterado, se envolver intencionalmente num curso de condutas repetidas dirigidas a uma pessoa específica e sabe, ou deveria saber, que este curso de condutas é susceptível de causar a uma pessoa razoável, nas circunstâncias dessa pessoa, medo, insegurança e terror emocional, é punido com pena de prisão de dois a dez anos.
2. No caso previsto no número anterior entende-se:

(a) O termo "curso de condutas" significa uma série de actos, durante um período de tempo, ainda que curto, evidenciando a intenção de infligir uma continuidade do sofrimento emocional na pessoa.
(b) O termo 'repetidas', com respeito à conduta, significa duas ou mais ocasiões de tal conduta.

3. Para efeitos dos números anteriores devem demostrar-se as seguintes circunstâncias:

(a) Intenção de colocar a pessoa com medo razoável pela sua segurança, ou de terceiros a si próximos;

(b) Intenção de causar sofrimento emocional numa pessoa razoável, nas circunstâncias concretas de cada caso.

4. Podem ser aplicadas ao arguido as penas acessórias de proibição de contacto com a vítima, pelo período de 6 meses a 5 anos, e de obrigação de frequência de programas específicos de prevenção do stalking durante um máximo de 5 anos.

5. O procedimento criminal depende de queixa.".

14. Por fim, não importa a sugestão acolhida e o modelo adoptado, relevando apenas a implementação efectiva e célere do Stalking no ordenamento jurídico-criminal Português. Importa ainda destacar a importância da adopção da integridade psíquica enquanto bem jurídico-penal que, juntamente com os demais bens jurídicos, serviria para reforçar a protecção do ofendido e efectivar o direito à saúde na sua totalidade. Pois, o que se criminaliza nestas questões não é a perigosidade dos eventos danosos, mas sim, trata-se do *medo do crime*. Para tanto, citamos as palavras de Mia Couto a fim de concluir este pensamento: "Há muros que separam nações, há muros que dividem pobres e ricos, mas não há hoje, no mundo um muro, que separe os que têm medo dos que não têm medo. Sob as mesmas nuvens cinzentas vivemos todos nós, do sul e do norte, do ocidente e do oriente (...) há quem tenha medo que o medo acabe"[285].

---

[285] COUTO, Mia. Murar o Medo. Conferência de Estoril, Portugal, 2011.

XV. BIBLIOGRAFIA

ALAIMO, Alessandra; "Look who's stalking: non molestation order and civil remedies against domestic violence in Italy in a comparative overview"; University of Palermo; Italy.

ALBUQUERQUE, Paulo Pinto De, Comentário do Código Penal: à luz da Constituição da República Portuguesa e da Convenção Europeia dos Direitos do Homem, 2.ª edição actualizada, Lisboa, Universidade Católica Editora, 2010.

AMAR, A. F.; "Behaviors That College Women Label as Stalking or Harassment"; Journal of the American Psychiatric Nurses Association; 13 (4); 2007; pp. 210-220.

ANTUNES, Maria João; Consequências Jurídicas do Crime; Coimbra Editora; Set. 2013.

BALDINI, Alexina / Jane Mental Health Services, Vic; "Stalking Ramifications and Preventive Strategies for Professionals"; Stalking: Criminal Justice Responses Conference; Australian Institute of Criminology; December 2000; pp.1-17.

BASILE, K. / HALL, J.; "Intimate Partner Violence Perpetration by Court-Ordered Men: Distinctions and Intersections Among Physical Violence, Sexual Violence, Psychological Abuse, and Stalking"; Journal of Interpersonal Violence; 26 (2); 2011; pp. 230-253.

BASU, S. / Jones, R.P.; "Regulating Cyberstalking"; JILT (Journal of Information, Law and Technology); 2007.

BEATTY, D.; "Stalking legislation in the United States"; Stalking: Psychology, risk factors, interventions, and law; 2003; pp. 1-55.

BELEZA, Teresa Pizarro; Direito Penal; 1º volume; 2ª edição; A.A.F.D.L.; Lisboa; 1985.

BELEZA, Teresa Pizarro; "Direito Penal", 2.º volume; A.A.F.D.L.; Lisboa; 1980.

BJÖRKLUND, K. / HÄKKÄNEN-NYHOLM, H. / SHERIDAN, L. / ROBERTS, K.; "The Prevalence of Stalking Among Finnish University Students"; Journal of Interpersonal Violence; 25 (4); 2010; pp. 684-698.

BLAAUW, E. / WINKEL, F.W. / ARENSMAN, E. / SHERIDAN, L. / FREEVE, A.; "The Toll of Stalking: The Relationship Between Features Of Stalking And Psychopathology Of Victims"; Journal of Interpersonal Violence; 17 (1); 2002; pp. 50-63.

BUDD, Tracey / MATTINSON, Joanna; The extent and nature of stalking: findings from the 1998 British Crime Survey; The Home Office Research Study 210; Information and Publications Group; United Kingdom; 2000.

CAMARGO, José Aparecido; O direito à integridade psicofísica nos direitos brasileiro e comparado, Trabalho publicado nos Anais do XVIII Congresso Nacional do CONPEDI, realizado em São Paulo – SP nos dias 04, 05, 06 e 07 de Novembro de 2009; pp. 5382-5410.

CANOTILHO, J.J. Gomes / MOREIRA, Vital; Constituição da República Portuguesa Anotada, Volume I; 4ª edição revista; Coimbra Editora; 2007.

CARVALHO, Américo Taipa de; Direito Penal – Parte Geral, Questões Fundamentais, Teoria Geral do Crime; 2ª edição; Coimbra Editora; 2008.

CENTRO DE ESTUDOS JUDICIÁRIOS; Stalking: Abordagem Penal e Multidisciplinar; Lisboa; 2013.

COELHO, C. / GONÇALVES, R. A.; "Stalking: uma outra dimensão da violência conjugal"; Revista Portuguesa de Ciência Criminal; 2; 2007; pp. 269-302.

CORREIA, Eduardo; "A Teoria do Concurso em Direito Criminal", Colecção Teses, Almedina, Coimbra, 1983.

_____ Direito Criminal, II, Reimpressão, Livraria Almedina, Coimbra, 1968.

_____ Unidade e Pluralidade de Infracções; Tese de doutoramento em Ciências Histórico-Jurídicas apresentada à Faculdade de Direito da Universidade de Coimbra;1945.

CORREIA, Elisabete / LUCAS, Susana / LAMIA, Alicia; "Profiling: Uma técnica auxiliar de investigação criminal"; Análise Psicológica; 4 (XXV); 2007; pp. 595-601.

COSTA, José Faria; Noções Fundamentais do Direito Penal; 3ª edição; Outubro 2012; Coimbra Editora.

COUTO, Mia; Murar o Medo; Conferência de Estoril; Portugal; 2011.

D`ALMEIDA, Luís Duarte / ALMEIDA, Carlota Pizarro de / VILALONGA, José Manuel / PATRÍCIO, Rui; Código Penal – Anotado; Almedina; 2003.

DAVIS, K. E. / COKER, A. L. / SANDERSON, M.; "Physical and mental effects of being stalked for men and women"; Violence and Victims, 17, 2002; pp. 429-443.

DENNISON, Susan / THOMSON, Don; "Is this Stalking? A Comparison between legal and community definitions of stalking"; Stalking: Criminal Justice Responses Conference; Australian Institute of Criminology; December 2000; pp.1-15.

DIAS, Jorge de Figueiredo, et al.; Comentário Conimbricense do Código Penal; Tomo I; 2.ª edição; Coimbra Editora; Coimbra; 2012.

DIAS, Jorge de Figueiredo; Direito Penal - Parte Geral; Tomo I, Questões fundamentais. A doutrina geral do crime; Coimbra Editora; 2007; 2ª edição.

DIAS, Jorge de Figueiredo; Direito Penal Português – As consequências jurídicas do crime; Coimbra Editora; 2005.

DOUGALL, A.L. / BAUM, A.; "Stress, health, and illness"; Handbook of Health Psychology; Mahwah; NJ: Lawrence Erlbaum; 2001; pp. 321-337.

DRESSING, Harald / KUEHNER, Christine / GASS, Peter; "Lifetime prevalence and impact of stalking in a European population"; British Journal of Psychiatry; volume 187; 2005; pp.168-172.

DRESSING, Harald / SCHEUBLE, B. / GASS, Peter; "Stalking - a significant problem for patients and psychiatrists"; The British Journal of Psychiatry; volume 189, 2006; pp. 564-569.

DYE, M. / DAVIS, K.E.; "Stalking and emotional abuse: Common factors and relationship specific characteristics"; Violence and Victims; volume 18; 2003; pp.163-180.

E., Damon / SPITZBERG, Brian H.; "Are You Following Me? A Study of Unwanted Relationship Pursuit and Stalking in Japan: What Behaviors are Prevalent?"; Bul. Hijiyama Univ.; n.º 10; 2003; pp.89-106.

EISENBERG, Avlana K.; "Criminal Infliction Of Emotional Distress"; Michigan Law Review; Vol. 113; 2015; pp.101-157.

ELLISON, Louise / AKDENIZ, Yaman; "Cyber-Stalking: the Regulation of Harassment on the Internet"; Criminal Law Review, December Special Edition: Crime, Criminal Justice and the Internet; 1998; pp.29-48.

ESTIARTE, Carolina Villacampa; "La introducción del delito de "atti persecutory" en el Código penal italiano – La tipificación del Stalking en Italia"; InDret – Revista para el análisis del derecho; vo. 3; Barcelona; Julio 2009; pp.1-29.

FAZIO, L.; "Criminalization of Stalking in Italy: One of the Last among the Current European Member States' Anti-Stalking Laws"; Behavioral Sciences and the Law; 29; 2011; pp. 317-323.

FERREIRA, Célia / MATOS, Marlene; "Violência doméstica e Stalking pós-ruptura: dinâmicas, copping e impacto psicossocial na vítima"; Psicologia; 2013; vol.27; n.2; Lisboa; pp. 81-106.

FERREIRA, Joana Patrícia Martins; Stalking como forma de violência nas relações de namoro; Instituto Superior de Ciências da Saúde Egas Moniz; mestrado em psicologia forense e criminal; Outubro de 2013.

FISHER, K.; "First US Cyberstalking Case Taking Shape."; Ars Technica; 24; Apr. 2004.

FLORES, Carlos Pereira Thompson; A Tutela Penal do Stalking; Porto Alegre; Elegantia Juris; 2014.

FLORIO, Maria; "Stalking e risarcimento del danno esistenziale. Alcune considerazioni alla luce delle sentenze della Corte di Cassazione a Sezione Unite dell' 11 novembre 2008"; Rivista di Criminologia, Vittimologia e sicurezza; Vol. III; N.º 1; 2009; pp. 66-71.

GANGUILEM, G.; Le normal et le pathologique; PUF; Paris; 1966.

GILL, Richard / BROCKMAN, Joan ; "A Review Of Section 264 (Criminal Harassment) Of The Criminal Code Of Canada"; Department of Justice; Canada; October 1996.

GOLDSWORTY, Terry / RAJ, Matthew; "Stopping the stalker: Victim responses to stalking"; Griffith Journal of Law & Human Dignity; Volume 2(1); May 2014; Australia; pp. 174-198.

GONÇALVES, Manuel Lopes Maia; Código Penal Português – Anotado e Comentado – Legislação Complementar; 18.ª edição; 2007; Almedina.

GOODE, Matthew; "Stalking: Crime oh the '90s?"; Criminal Kawe Journal; Vol. 19; n.º 1; February 1995; pp.194-204.

GREGSON, Christine B.; Comment, "California's Antistalking Statute: The Pivotal Toles of Intent"; Golden Gate U.L.; Ver. 221; number 28; 1998; pp. 244-45.

GUERINI, Tommaso / SAPIENZA, Giusi / SERRA, Luciana; "Il Reato di Stalking"; Studi e Materiali di diritto penale; 1; 2010; pp.99-100.

HOFFMANN, Jens; "Public Figures and Stalking in the European Context"; European Journal on Criminal Policy and Research; September 2009; Volume 15; Issue 3; pp. 293-305.

_____ Stalking, 2006.

IANNI, Vincenzo; "Ubi tu ibi ego": il reato di atti persecutori nei suoi aspetti fenomenici e profili giuridici; 2011; disponível em: www.iussit.eu.

KAMPHUIS, J.H. / EMMELKAMP, P.M. / BARTAK, A.; "Individual differences in post--traumatic stress following post-intimate stalking: stalking severity and psychosocial variables"; British Journal of Clinical Psychology; 42; 2003; pp. 145-156.

KIENLEN, K.K.; "Developmental and social antecedents of stalking"; In J. R. Meloy (Ed.), The psychology of stalking; San Diego, CA: Academic Press; 1998; pp. 51-67.

KIENLEN, K. K. / BIRMINGHAM, D. L. / SOLBERG, K. B. / O'REGAN, J. T. / MELOY, J. R.; "A comparative study of psychotic and nonpsychotic stalking"; Journal of the American Academy of Psychiatry and Law; 25; 1997; pp. 317–334.

KIESLER, S. / SIEGAL, J. / MCGUIRE, T. W.; "Social psychological aspects of computer mediated communication"; American Psychologist, 39, 1984; pp. 1123-1134.

LAMBERG, L.; "Stalking disrupts lives, leaves emotional scars"; Journal of American Medical Association; 286(5); 2001; pp. 519-523.

LAW REFORM COMMISSION; "Stalking and intimidation"; p.133 – 144.

LEE, R.; "Romantic and electronic stalking in a college context"; William and Mary Journal of Women and the Law; 4; 1998; pp. 373-466.

LIPP, Marilda Novaes, et al; Como Enfrentar o Stress; 5ª ed.; São Paulo: Ícone; 1998.

LUZ, Nuno Miguel Lima da; Tipificação do Crime de Stalking no Código Penal Português; Dissertação do Mestrado Forense sob a coordenação do Mestre Henrique Salinas; Faculdade de Direito da Universidade Católica Portuguesa; Abril, 2012.

MAGALHÃES Teresa; "O dano pessoal"; Revista Portuguesa do Dano Corporal 2000"; IX (10); pp. 46-69.

MAGALHÃES, Teresa / COSTA, Diogo Pinto da / CORTE-REAL, Francisco / VIEIRA, Duarte Nuno; "Avaliação do dano corporal em direito penal. Breves reflexões médico-legais"; Revista de Direito Penal; ano II; n.º 1; 2003; pp. 63 – 82.

MARTIN, L. L. / TESSER, A.; "Some ruminative thoughts"; In R. S. Wyer (Ed.); Advances in social cognition; Mahwah; NJ: Erlbaum; 1996; vol. IX; pp. 1-47.

_____ "Toward a motivational structural theory of ruminative thought"; In J. S. Uleman & J. A. Bargh (Eds.); Unintentional thought; New York: Guilford Press; 1989; pp. 306-326.

MATOS, Marlene / GRANGEIA, Helena / FERREIRA, Célia / AZEVEDO, Vanessa; "Lo Stalking in Portogallo: un'importante sfida da affrontare..."; Rassegna Italiana di Criminologia; anno VI; n.º3; 2012; pp.188-194.

MCANANEY, K.G. / CURLISS, L.A. / ABEYTA, C.E.; "From Imprudences to crime: Anti-stalking laws"; Notre Dame Law Review; 68; 1993; pp. 819-909.

McEWAN, Troy E. / MULLEN, Paul E. / McKENZIE, Rachel; "A Study of the Predictors of Persistence in Stalking Situations"; Law Human Behavior; 2009; 33; pp. 149-158.

MECHANIC, M. B. / WEAVER, T. L. / RESICK, P. A.; "Mental Health Consequences of Intimate Partner Abuse : A Multidimensional Assessment of Four Different Forms of Abuse"; Violence Against Women; 14(6); 2008; pp. 634-654.

MECHANIC, M. B.; "Stalking victimization: Clinical implications for assessment and intervention"; In K. E. Davis, I. H. Frieze, & R. D. Maiuro (Eds.), *Stalking: Perspetives on victims and perpetrators;* New York: Springer Publishing Company; 2007; pp. 31-61.

MELOY, J. Reid / GOTHARD, Shayna; "A demographie and clinical comparison of obsessional followers with mental disorders"; American Journal of Psychiatry; n.º 152; p.259; disponível em: http://migre.me/eJFmd.

MELOY, J. Reid; "Stalking and violence."; Stalking and psychosexual obsession: Psychological perspectives for prevention, polcing, and treatment; Chapter 7; UK; 2002; pp. 105- 124.

_____ "Stalking (Obsessional Following): A Review Of Some Preliminary Studies"; Aggression and Violent Behavior; Vol. I; No. 2; pp. 147-162; 1996.

_____ "Thepsychologyofstalking"; Clinical and forensic perspectives; San Diego: Academic Press; 1998; pp. 1-23.

_____ Violent attachments; Northvale; NJ: Jason Aronson; 1992.

MESTER, R. / BIRGER, M. / MARGOLIN, J.; "Stalking"; The Israel Journal of Psychiatry and related sciences; 43(2); 2006; pp. 102-111.

MILLER; Neal; Stalking Laws and Implementation Practices: A National Review for Policymakers and Practitioners; Institute for Law and Justice; October 2001.

MIRANDA, Jorge; Manual de Direito Constitucional, Tomo III, 5ª Edição, Coimbra Editora.

MODENA GROUP ON STALKING (Eds.); Protecting women from the new crime of stalking: a comparison of legislative approaches within the European Union. Final report. University of Modena and Reggio Emilia, 2007.

MULLEN, Paul E. / PATHÉ, Michele / PURCELL, Rosemary; Stalkers and their victims; Cambridge University Press; 2000.

MULLEN, Paul E. / PATHÉ, Michele / PURCELL, Rosemary / STUART, Geoffrey W.; "Study of Stalkers"; Am J Psychiatry; 156:8; August 1999; pp. 1244-1249.

MULLEN, Paul E. / PATHÉ, Michele; "The impact of stalkers on their victims"; The British Journal of Psychiatry; Jan. 1997; 170 (1); pp. 12-17.

MUSTAINE, E. E. / TEWKSBURY, R.; "A routine activity theory explanation for women's stalking victimizations". Violence Against Women, 5, 1999; pp. 43–62.

NOBLES, Matt R. / REYNS, Bradford W. / FOX, Katehleen A. / FISHER, Bonnie S.; "Protection Against Pursuit: A Conceptual and Empirical Comparison of Cyberstalking and Stalking Victimization Among a National Sample"; Justice Quarterly; vol. 31; n.º6; 2014; pp.986-1014.

OGILVIE, Ema; "Cyberstalking"; Australian Institute of Criminology, trends & issues in crime and criminal justice; n.º166; September 2000; pp. 1-6.

PALAZZO, Francesco. Principi costituzionali, beni giuridici e scelte di criminalizzazione. Firenze: Tip. Caponni; 1990; pp. 12-17.

PERRONE, Sabrina; "La (in)determinatezza della condotta di accesso abusivo ad un Sistema informaticco o telematico"; "Il Reato di Stalking"; Studi e Materiali di diritto penale; 1; 2010; pp.78-84.

PINHAL, Diana Catarina Moreira; Stalking: Um "crime" de assédio persistente?; Dissertação do 2º ciclo de Estudos em Direito, área de especialização em Ciências Jurídico-Forenses, apresentada à Faculdade de Direito da Universidade de Coimbra sob a orientação de Susana Aires de Sousa; Coimbra; 2013.

PRADO, Luiz Regis; Apontamentos sobre o ambiente como bem jurídico-penal; Revista de Direito Ambiental; São Paulo: RT; n.º 50; 2008; pp. 133-158.

PURCELL, Rosemary, FLOWER, Teresa, MULLEN, Paul E.; "Adolescent stalking: offence characteristics and effectiveness of intervention orders"; Trends & Issues in crime and criminal justice; n.º 369; March 2009; Australian Government – Australian Institute of Criminology; pp. 1-6.

PURCELL, Rosemary / MOLLER, B. / FLOWER, Teresa / MULLEN, Paul E.; "Stalking among juveniles"; The British Journal of Psychiatry; 194; 2009; pp. 451-455.

PURCELL, Rosemary, PATHÉ, Michele, MULLEN, Paul E.; "Stalking: Defining and prosecuting a new category of offending"; International Journal of Law and Psychiatry; 27; 2004; pp. 157–169.

_____ "The incidence and nature of stalking victimization"; Stalking: Criminal Justice Responses Conference; Australian Institute of Criminology; December 2000; pp.1-6.

R., O'Connell / J., Price / C., Barrow; "Cyberstalking, Abusive Cyber Sex and Online Grooming: A Programme for Education of Teenagers"; Cyberspace Research Unit; University of Lancaster; 2004; pp. 5-6.

ROBERTS, Lunne; "Jurisdictional and definitional concerns with computer-mediated interpersonal crimes: An Analusis on Cyber Stalking"; International Journal of Cyber Criminology; volume 2; Issue 1; January 2008; pp.271-285.

SÁ, Fernando Oliveira e; "As ofensas corporais no Código Penal : uma perspectiva médico legal : análise de um workshop"; Revista portuguesa de ciência criminal; A. 1; n.º 3; Julho-Setembro 1991; pp. 409-443.

SALSI, Giancarlo; "Stalking: una ricerca sull'"ammonimento del Questore" nella provincia di Bologna in riferimento alla Legge 38/2009"; Rivista di Criminologia, Vittimologia e Sicurezza; Vol. VI; N. 1; Gennaio-Aprile 2012 ; pp. 39-57.

SANTOS, Antonio Miranda Pinheiro dos; Código Penal (anotado) – Uma perspectiva policial; Colecção textos jurídicos; Universidade Lusiada Editora; Lisboa; 2013.

SIMAS SANTOS, M. / LEAL-HENRIQUES, M.; Noções Elementares de Direito Penal. Lisboa: Rei dos Livros; 2003.

SIMONE, Giulio de; Il delitto di atti persecutori (la struttura oggettiva della fattispecie); ARCHIVIO PENALE 2013; n.º 3.

SOUTHWORTH, Cindy / FRASER, Cynthia / DAWSON, Shawndell / TUCKER, Sarah; A High-Tech Twist on Abuse: Technology, Intimate Partner Stalking, and Advocacy; Violence Against Women Online Resources; June 2005.

SOUTHWORTH, Cynthia / FINN, Jerry / DAWSON, Shawndell / FRASER, Cynthia / TUCKER, Sarah; "Intimate Partner Violence, Technology and Stalking"; Violence Against Women; August 2007; volume 13; N.º 8; pp.842-856.

SPITZBERG, Brian H. / CADIZ, Michelle; "The Media Construction of Stalking Stereotypes"; Journal of Criminal Justice and Popular Culture; 2002; volume 9; n.º 3; pp.128-149.

SPITZBERG, Brian H. / CUPACH, William R.; "Disentangling the Dark Side of Interpersonal Communication,"; in The Dark Side of Interpersonal Communication; eds. Brian H. Spitzberg and William R. Cupach (Mahwah, NJ: Lawrence Erlbaum Associates, 2007).

_____ The Dark side of relationship pursuit – from attraction to obsession and stalking; LAWRENCE ERLBAUM ASSOCIATES, PUBLISHERS, 2004 Mahwah, New Jersey London.

_____ "What mad pursuit? Obsessive relational intrusion and stalking related phenomen"; Aggression and Violent Behavior; 8; 2003; pp. 345–375.

SPITZBERG, Brian H. / HOOBLER, Gregory; "Cyberstalking and the technologies of interpersonal terrorism"; New Media & Society; vol.4 (1); 2002; pp. 71-92.

STALKING RESOURCE CENTER; "Stalking Technology Outpaces State Laws"; Stalking Resource Center Newsletter; Vol. 3; Nº2; Summer 2003.

_____ Model Campus Stalking Policy; The National Center for Victims of Crime; California Coalition Against Sexual Assault.

Supremo Tribunal de Justiça; "Prova indiciária e as novas formas de criminalidade"; disponível em: http://www.stj.pt/ficheiros/estudos/provaindiciarianovasformas criminalidade.pdf.

TJADEN, Patricia / THOENNES, Nancy; Stalking in America: Findings From the National Violence Against Women Survey. Washington; D.C.: U.S. Department of Justice; National Institute of Justice; and Centers for Disease Control and Prevention; 1998; disponível em: http://www.ncjes.gov/pdffiles/172837.pdf.

TOLMAN, R. M.; The validation of the psychological maltreatment of women inventory; Violence and Victims; 14; 1999; pp. 25-37.

U.S. DEPARTMENT OF JUSTICE; Strengthening Antistalking Statutes; Office of Justice Programs; Office for Victims of Crime; OVC Legal Series #1; January 2002; pp. 1-7.

VAN der Aa, S.; Stalking as a form of (domestic) violence against women: two of a kind?; Rassegna Italiana di Criminologia; 3; 2012; pp. 174–187.

_____ "The state of the art in Stalking legislation: Reflections on European developments"; European Criminal Law Review; 2013; 3 (2); pp. 232-256.

VARELA, João de Matos Antunes / LIMA, Pires de; Código Civil Anotado, volume I; 4.ª Edição; Coimbra Editora; 2010.

VARELA, João de Matos Antunes, Das obrigações em geral, 5ª ed., Vol I.

_____ Revista de Legislação e de Jurisprudência, ano 102.

VOLD, G.; Theoretical Criminology; New York; Oxford University Press; 1958.

WURM, Gisela; "Stalking"; Committee on Equality and Non-Discrimination; Parliamentary Assembly; volume 23; 2013; pp.1-14.

JURISPRUDÊNCIA

Acórdão do Supremo Tribunal de Justiça de 12 de Outubro de 1973.
Acórdão do Supremo Tribunal de Justiça de 18 Novembro de 1975.
Acórdão do Supremo Tribunal de Justiça de 4 de Maio de 1983.
Acórdão do Supremo Tribunal de Justiça de 13 de Outubro de 1999.
Acórdão do Supremo Tribunal de Justiça de 05 de Junho de 2012.
Acórdão do Supremo Tribunal de Justiça de 02 de Outubro de 2002.
Acórdão do Supremo Tribunal de Justiça de 11 de Julho de 2007.
Acórdão do Supremo Tribunal de Justiça Italiano (Corte di Cassazione); Cass. sent. n. 41461 del 19.07.2012.
Acórdão do Supremo Tribunal de Justiça Italiano (Corte di Cassazione); Cass. sent. n. 20531 del 19.05.2014.
Acórdão do Tribunal da Relação de Coimbra de 23 de Maio de 2012.
Acórdão do Tribunal da Relação de Coimbra de 18 de Junho de 2014.
Acórdão do Tribunal da Relação de Évora de 12 de Julho de 1989.
Acórdão do Tribunal da Relação de Évora de 11 de Março de 2014.
Acórdão do Tribunal da Relação do Porto de 14 de Dezembro de 1988.
Acórdão do Tribunal da Relação do Porto de 07 de Novembro de 2012.
Acórdão do Tribunal da Relação do Porto de 11 de Março de 2015.
Caso ALEXANDER v. STATE, Mo. App., MISSOURI,1993.
Caso BENSAID v. U.K., Application no. 44599/98, STRASBOURG, 2001.
Caso BEVACQUA E S. V. BULGÁRIA; Application no. 71127/01, STRASBOURG, 2008.
Caso BRANKO TOMAŠIĆ AND OTHERS v. CROATIA, application no.46598/06, STRASBOURG, 2009.
Caso CESARE v. CESARE, Supremo Tribunal de New Jersey; 1997.
Caso COLORADO v. SULLIVAN, Colorado Court of Appeals, 2002.
Caso DENNIS V. LANE, 87 ER 887, Inglaterra, 1704.
Caso GUNES&TUNC V. PEARSON, Australia - Supreme Court; 1996.
Caso H.E.S. v. J.C.S., Supremo Tribunal de New Jersey, 2003.
Caso HALL. V. STATE, Court of Criminal Appeals of Oklahoma, 1972
Caso HENDERSON v. HENDERSON, 169 N.Y.S, 1957.
Caso KONTROVÁ v. SLOVAKIA Application no. 7510/04; STRASBOURG 2007.
Caso OPUZ C. TURQUIA; application no. 33401/02; STRASBOURG, 2009.
Caso PEOPLE V. ALLEN, Court of Appeals of California, 1980.
Caso PEOPLE V. APONTE, New York, 2011.
Caso PEOPLE v. CARRON, California Court of Appeal, 1995.
Caso PEOPLE V. CECIL, California Court of Appeal, 2012.
Caso PEOPLE V. CRIGLER, California Court of Appeal, 2011.
Caso PEOPLE v. EWING, California Court of Appeal, 1999.
Caso PEOPLE v. NORMAN, California Court of Appeal, 1999.
Caso PEOPLE V. NAKAJIMA, Appellate Court of Illinois, 1998.
Caso R. v. HOANG, Supreme Court Of Victoria Court Of Appeal, 2007.
Caso REGINA v. DUNN; 113 E.R. 939, Inglaterra, 1840.

Caso REMSBURG, ADMINISTRATRIX FOR THE ESTATE OF AMY BOYER v. DOCUSEARC.
Caso RETTERER V. LITTLE, Ohio App., 2012.
Caso STATE (ALASCA) V. DICKIE, Alas. App., 2012.
Caso STATE OF IOWA V. NEUZIL, Supreme Court of Iowa, 1999.
Caso STATE V. BERHARDT, Mo. App., MISSOURI, 2011.
Caso STATE V. COLBRY, Alk. Ct. App., 1996.
Caso STATE v. JACKSON, Appellate Court of Connecticut, 2000.
Caso STATE v. ROOKS, Supreme Court of Georgia, 1996.
Caso STATE V. ZEIT, Court of Appeals of Oregon, 1975.
Caso UNITED STATES V. CURLEY, U.S. App., 2011.
Caso VON LUSCH V. STATE, Court of Special Appeals of Maryland, 1976.
Caso WHITNEY v. CALIFORNIA, United States Supreme Court, 1927.
Caso WORSNOP v R., SUPREME COURT OF VICTORIA COURT OF APPEAL, 2010.